SA

Bernard Focc
Konservatuarı'

MW01677537

Robert Legros Belçikalı felsefeci. Université libre de Bruxelles ve Caen Üniversitesi'nde felsefe dersleri verdi. Hegel ve Alman romantizmi üstüne uzmanlaştı. Başlıca yapıtlar: *L'idée d'humanité* (Grasset, 1990), *L'avènement de la démocratie* (Grasset, 2000).

Tzvetan Todorov Bulgar asıllı Fransız yazın kuramcısı, eleştirmeni, denemecisi (Sofya 1939). Rus biçimcilerini Batı dünyasına tanıtan *Théorie de la littérature* (Yazın Kuramı) adlı çevirisinden sonra yazınbilim konusunda yayımladığı kitaplarıyla tanındı. 1980'li yıllardan başlayarak daha çok eleştirel nitelikli "kültür antropolojisi" denemeleri ve araştırmalarıyla gündeme geldi.

Esra Özdoğan 1972 İstanbul doğumlu. Saint Michel Lisesi ve İ.Ü. Fransız Dili ve Edebiyatı mezunu. Çeşitli yayınevlerine editörlük ve çevirmenlik yapıyor.

Tzvetan Todorov'un
YKY'deki kitabı:

Yazın Kuramı - Rus Biçimcilerinin Metinleri *(1995)*

BERNARD FOCCROULLE
ROBERT LEGROS
TZVETAN TODOROV

Sanatta Bireyin Doğuşu

Çeviren:
Esra Özdoğan

LA NAISSANCE
DE L'INDIVIDU
DANS L'ART

"El nacimiento del individuo en el arte"

Yapı Kredi Yayınları

Yapı Kredi Yayınları - 3380
Sanat - 181

Sanatta Bireyin Doğuşu
Bernard Foccroulle - Robert Legros - Tzvetan Todorov
Özgün adı: La Naissance De L'Individu Dans L'art
Çeviren: Esra Özdoğan

Kitap editörü: Korkut Erdur
Düzelti: Filiz Özkan

Kapak tasarımı: Nahide Dikel

Baskı: Altan Basım Ltd.
Yüzyıl Mah. Matbaacılar Sit. 222/A Bağcılar / İstanbul
Tel: (0 212) 629 03 74 Faks: (0 212) 629 03 76
info@altanbasim.com
Sertifika No: 11968

Çeviriye temel alınan baskı: Grasset, 2005
1. baskı: İstanbul, Haziran 2011
3. baskı: İstanbul, Nisan 2014
ISBN 978-975-08-2042-7

© Yapı Kredi Kültür Sanat Yayıncılık Ticaret ve Sanayi A.Ş. 2007
Sertifika No: 12334
© Editions Grasset & Fasquelle, 2005
Bütün yayın hakları saklıdır.
Kaynak gösterilerek tanıtım için yapılacak kısa alıntılar dışında
yayıncının yazılı izni olmaksızın hiçbir yolla çoğaltılamaz.

Yapı Kredi Kültür Sanat Yayıncılık Ticaret ve Sanayi A.Ş.
İstiklal Caddesi No: 142 Odakule İş Merkezi Kat: 3 Beyoğlu 34430 İstanbul
Telefon: (0 212) 252 47 00 (pbx) Faks: (0 212) 293 07 23
http://www.ykykultur.com.tr
e-posta: ykykultur@ykykultur.com.tr
İnternet satış adresi: http://alisveris.yapikredi.com.tr

İÇİNDEKİLER

Önsöz

Ortaçağ'ın sonunda, hâlâ tanrı-merkezli gösterimlerin (*représentation*) egemenliğindeki bir dünyada, çeşitli yerlerde "insanlık onuru"na yönelmiş yepyeni bir ilginin göstergeleri çıkar ortaya. Hiçbir alan, bu değişim konusunda sanat kadar açınlayıcı olmamıştır. Yapıtlar yavaş yavaş kutsal olana yüz çevirip bu dünyayı en benzersiz yanıyla, gündelik yaşamla, duyguların evreniyle ve "pek insanca insan"la betimlemeye yönelirler. Bu da *a posteriori* gerçek bir devrim olarak çıkar ortaya, resimde, müzikte ve yazında çok yavaş gerçekleşir. Bundan böyle yeryüzündeki yaşam gözlemlenmeyi ve olduğu gibi ya da kendisi için betimlenmeyi hak ediyor gibidir; insan gerçekliğinin anlatımı dinsel iletinin aktarımından daha ağır basar; en özgün ve özgül yanıyla bireyin resmedilmesi sanatta yeni bir zorunluluk olarak dayatır kendini.

Bireyin bu şekilde gelişen *estetik keşfini* anlatmak ve anlamak için hazırlandı bu çalışma. Söz konusu keşfi farklı sanatsal alanlarda ve modern sanatın ilk adımlarında izlemek, yalnızca yaratımın çağdaş yazgısını kavranabilir kılmak için değil, bireyi iyi günde kötü günde kurucu ilkesi ve başlıca değeri olarak bellemiş toplumlarımızı daha derinden kavramak için de çok değerli bir çözümleme anahtarı sunmaktadır.

Sınıflandırmalardan kurtulmuş, geleneklerden sıyrılmış, hatta toplumsal zorunlulukları aşmış bir birey fikri –bunun bir kazanım, bir ufuk ya da bir yanılsama olması bir şeyi değiştirmeyecektir–, "modernite"nin yükselişine dair en şaşırtıcı yorumların anahtarını verecektir. Öte yandan, bu fikrin yazgısı antropoloji, felsefe, hukuk, siyaset ve tarih alanlarında, çok ender olarak da sanat tarihinde çok iyi çözümlemelerin konusu olmuştur. Bu kitap, modern birey figürünün estetik yaratımda ve gösterimde ortaya çıkışını izleyerek, "bireyci paradigma" uygulamasında böyle bir boşluğun doldurulmasına katkıda bulunmayı amaçlamaktadır.

Elinizdeki kitap Collège de Philosophie'nin Mayıs 2002'de bu soruna ayırdığı bir oturumun uzantısı niteliğinde. Bernard Foccroulle, Robert Legros ve Tzvetan Todorov bu olguya yeni bir yorumlama getirmek üzere yeteneklerini ve uzmanlıklarını birleştirdiler. Hep bize ait olmuş bir tarihin önemli duraklarını belirlemek üzere bakışları birleştirmek ve çoğu zaman ayrı duran alanları bir araya getirmek kaçınılmazdı aslında. Tzvetan Todorov ve Bernard Foccroulle öncelikle bireyin resimde ve müzikte ortaya çıkışının başlıca aşamalarını çiziyorlar. Robert Legros ise söz konusu dönüşümün felsefi nedenlerini anımsatarak bu çifte okumayı antropoloji bağlamına yerleştiriyor. Sondaki tartışmaysa, kültürümüzü çok derinden etkilemiş ve karmaşık yollar izlemiş bu tarihin çağdaş serüvenlerini açığa çıkarma olanağı tanıyor.

Pierre-Henri Tavoillot
Collège de philosophie

Karşıtlıklarla, sonsuz görkemler ve bayağılıklarla dolu, derin karanlıklar ve benzersiz aydınlıklarla dolu, acıma duygusunu ve hayranlığı, küçümseme ya da dehşeti aynı anda uyandırabilecek olağanüstü bir nesneyi keşfetmek için yeri göğü katetmeme gerek yok. Dönüp kendime bakmam yeterli: İnsan koca bir boşluktan çıkar, zamanı aşar, sonra sonsuza dek yok olup gider Tanrı'da. Yitip gittiği iki uçurumun sınırında gezinirken yalnızca bir anlığına fark edilir.

İnsan hiç tanımasaydı kendini, şiirsel bir yanı kalmazdı; hakkında fikir sahibi olunamayan bir şey resmedilemez çünkü. Apaçık görebilseydi kendini, imgelem gücü aylak kalır, tabloya ekleyecek bir şeyi olmazdı. Ama insanoğlu, kendinden bir şeyi fark etmeye yetecek kadar keşfedilmiş, geri kalanı dipsiz karanlıklara gömülecek kadar da örtülü kalmıştır; ve kendini yakalayabilmek için bu karanlıklara gömülür durmaksızın, hep boş yere.

Demokratik toplumlarda şiirin söylencelerle yaşamasını, gelenekler ve eskil anılarla beslenmesini, artık ne okurların ne de şairlerin inandığı doğaüstü yaratıklarla evreni doldurmasını, kendilerine özgü biçimleri içerisinde fark edilebilecek erdemleri ve erdemsizlikleri soğukça kişileştirmesini beklemek boşuna. Bütün bu zenginlikler elinde değil artık; ama elinde insan var, ki bu da şiir için yeterli.

ALEXIS DE TOCQUEVILLE
Amerika'daki Demokrasi Üstüne

Tzvetan Todorov

Resimde Bireyin Gösterimi

İnsanlar varolduklarından beri, bir bireyi ötekinden ayırabilmişlerdir; başka hayvanlar da yapar bu kadarını. Konuştukları günden bu yana, insanlar bireyleri adlandırabilmiş, dolayısıyla bilincin alanı içerisinde ayırt edebilmişlerdir. Ama daha geç bir evrede, insan bir olgudan fazlasına dönüşür: Bir değer olur, ki böylelikle özeni ve saygıyı hak eder, uğruna savaş verilmesi anlam kazanır.

Bireyin gösterimi (*représentation*) onu tüm ötekiler arasında tanımayı da, bir değer olarak belirlemeyi de olanaklı kılar. Dilin sözcükleri, ayrı ayrı ele alındıklarında, bireyi kavramakta zorlanırlar: Sözcükler genellikleri ve soyutlamaları belirtir. Şu ya da bu kişinin iyi, sevecen, eğitimli olduğunu söyleyebilirler, ama bu nitelikler yalnızca o kişiye ait değildir. Özel adlara gelince, onlar bireyleri belirtirler – ama bireylerin gösterimini sunmazlar; anlamdan yoksun etiketlerdir hepsi. Dil yetisi, yine de, bu güçlüğü aşarak bireyi yaşatabilir: Bunun için de bir öykü yapısında düzenlenmesi, başka hiçbirine benzemeyen bir yaşamı anlatması, yaşamöyküsüne dönüşmesi gerekir. Resimde gösterime gelince, gözlerimizin önüne biricik bir beden, bir yüz, bir bakış koyarak o da sağlayabilir bunu. Öte yandan, birey –bu sözcüğün anlamı da ayrıca belirlenmeli– her zaman bir değer olarak görülmemiş, anlatılar ya da resimlerde betimlenmemiştir. Avrupa geleneğinde, bu kazanımın büyük aşamaları neler olmuştur peki? Gösterim biçimleri nasıl bir birey anlayışını aktarırlar bize? Öte yandan, söz konusu biçimler çağdaş felsefi ve tanrıbilimsel söylemlerle nasıl bir ilişki içerisindedir? Bugün hızlıca bu soruları ele alacağım.[1]

I

Bireyin gösterimi, öncelikle, ressamın o özel varlığı öteki adamlardan, öteki kadınlardan ayırt etmemizi sağlayan benzersiz çizgileri olduğu gibi vermesini gerektirir. İnsanların genel çizgilere indirgendiği ve betimlenmekten çok belirtildikleri tarihöncesi sanatta rastlanmayan bu gösterim biçiminin, en eski tarihsel toplumlarda, Mısır'da ve Girit'te varolduğu doğrudur. Ama bu örneklerde de, birçok nedenle tam anlamıyla bireyden söz edemeyebiliriz. Yeni İmparatorluk dönemindeki (MÖ XVI. ve XI. yüzyıllar) Mısır gömütlerini ele alalım örneğin. Öncelikle, gömütlerinin iç duvarlarında betimlenen kişilerin belirleyici hatları az sayıda ve ayrı ayrı resmedilmiştir; bu nedenle, yalnızca o bireyi belirleyen biçimsel bir yapıdan çok soyut bir niteliğin resmi gibidirler: Çok şişman bir kadın, şeytansı bir dansçı, zencilere özgü yüz hatlarıyla bir köle görürüz; ama ressamın bir bireyin yüz hatlarını korumak istediğine ilişkin hiçbir gösterge yoktur; resmettiği kişi üzerinden şişmanlığı, şeytansılığı, uzaksıllığı betimler. Dahası, bu resimler yaşayan öteki insanlar için yapılmamıştır: Öteki dünyadaki yolculuklarında ölüye eşlik ederler. Firavunların gömütlerindeki portreleri için de aynı durum geçerlidir: Bu kez özel bir adla belirlenmiş olmakla birlikte, bu resimler bireysel özellikler üstünde durmaz, üstelik insanlardan çok tanrılar için yapılmışlardır. Bu dünya dışı alıcı, gerçek bir birey gösteriminden söz etmemizi engeller: Buradaki modeller yaşadıkları dünyadan çekip alınmış, soyut çizimlere dönüşmüşlerdir.

Mısır sanatının bir başka kalıntısı için, çok daha geç bir döneme ait (MS I. ve III. yüzyıllar), "Fayyum" portreleri diye anılan ünlü portreler için de aynı saptama yapılabilir. Bu kez modelin bi-

1 Bu sunum büyük ölçüde *Eloge de l'Individu* adlı çalışmama dayanmaktadır, Paris, 2001, Adam Biro (240 sayfa, 106 renkli resim).

reysel nitelikleri çok daha ileri götürülmüştür ve günümüz portresinden geri kalır yanı yoktur. Bu arada, resmedilmiş yüzlerin hepsi mumyaları saran kefenlere dikilmiştir: Yine ölüye sonsuzluğa yolculuğunda eşlik etmek üzere yapılmışlardır, bireyi yeryüzündeki varoluşu içerisinde, eşyaların, öteki insanların arasında, evinin ya da yaşadığı köyün sınırları içinde göstermezler. Ve modelin kendisi olsun, yakınları olsun, o dönemde yaşamış insanlara yönelik değildirler.

Mısır'da her birey gösteriminin ölülerle sınırlı kaldığı söylenemez. Firavunlarla ailelerinin saray duvarları ya da kamusal alanlar için yapılmış resimleri bu kuralın dışında kalır. Bu tür resimlerden pek azı kalmıştır geriye, ama firavunları betimleyen ve zaman zaman anıtsal boyutlar alan bu heykelleri herkes bilir. Bu arada, bu noktada birey kavramının bir başka sınırıyla karşı karşıya kalırız. Bu şekilde betimlenen kişiler tam olarak insani nitelikler taşımaz, daha çok insanla Tanrı arası bir yerdedirler. Böyle betimlenmiş sıradan bir insanoğlu düşünülemez bile. Firavunların, bu ayrıcalıklı kişilerin, toplumun öteki üyeleriyle –henüz betimlenme mertebesine erişmemiş bireylerle– uzaktan yakından ilgisi yoktur.

Antik Yunan'da durum farklı olsa da, orada da betimlenmiş bireylerden söz etmek zordur. Yunan resmi yok olup gitmiştir ama bu konuda birçok tanıklık kalmıştır geriye: özgün ya da kopya heykeller, alçak kabartmalar ve mozaikler vardır. Birey resimleri iki büyük kategoriye ayrılır. İlki anma işlevi gören gösterimleri bir araya getirir: Kişi ölümünden sonra resmedilmiştir, söz konusu resim Mısır'da olduğu gibi öte dünyanın tanrıları için değil, geride kalanlar için, yitirilen kişinin ailesi ya da dostları için yapılmıştır. Burada alıcılar insandır ama modeller yine yaşamış oldukları dünyadan kopuktur ve bu anlamda, bireyselliklerinden sıyrılmışlardır.

Diğer resim kategorisinin yüceltici bir işlevi vardır. Bundan yalnızca devlet büyükleri değil –kaldı ki onların da doğaüstü bir yanı yoktur–, her alanda öne çıkmış kişiler, şairler, hatipler, düşünürler ya da savaşçılar da yararlanır. Yine de Homeros'un, Sokrates'in ya da Themistokles'in bu büstleri ve portrelerinde, hedeflenen birey değil (üstelik çoğunlukla modelin ölümünden birkaç yüzyıl sonra yapıldıkları için benzerlik sorunu da), bir şair, bir bilge, bir siyaset adamı olarak yapıtının kusursuzluğudur – benzersiz bir varlıktan çok soyut bir niteliğin betimini verirler. Yine de bu iki kategorinin dışında kalan portrelere de rastlanır – ama günümüze ulaşanı olmamıştır. Bir sanatçının Epikuros'un bir kadın dostunu, bir başkasının Aristoteles'in annesini, bir üçüncüsünün kendi dostlarını ya da onların aile üyelerini betimlediğini yalnızca o döneme ait yazılardan öğreniriz: Kendileri dışında hiçbir şeye gönderme yapmayan varlıklardır burada resmedilen.

Bizim anladığımız biçimiyle birey gösterimine bire bir denk düşen örneklere bir tek Roma sanatında rastlarız – bu resimlerin bugüne dek korunmalarını da Vezüv Yanardağı'nın patlamasına borçluyuz. Fırıncılık yapan, Pompei'de villa sahibi Terentius Neo diye bir adamı ve karısını gösteren ünlü bir freskoya bakalım. Bu resim yaşadıkları odalardan birinin duvarında asılıdır; dolayısıyla kendileri ve yakınları için üretilmiştir. Bu insanlar ne kraldır ne de yarı tanrı; bir ressama hizmetinin karşılığını verecek kadar paraları vardır, hepsi bu. Ellerinde o sırada çok kullanılan eşyalar vardır: Hâlâ bu dünyada yaşamaktadırlar. Ressam modellerin kişisel niteliklerini o kadar ileri götürmüştür ki bizler bile onları tanıyabilirdik – elbette onlarla sokakta karşılaşabilecek olsaydık.

Bu freskolar MS I. yüzyıldan, bireyin gelişimine açıkça elverişli bir dönemden kalmadır ve Flaubert'in Madam de Genettes'e yazdığı 1861 tarihli bir mektubunda (*Correspondance*, Pléiade, III, 191) dile getirdiği isabetli yargısını doğrular niteliktedirler: "Tanrılar ortadan kalkmışken ve İsa henüz gelmemişken, Cicero'dan Marcus Aurelius'a kadar yalnızca *insan*'ın olduğu biricik bir dönem yaşanmıştır."

II

İsa'nın "geldiği" andan itibaren neler olacaktır peki? İlk aşamada, bireyin resimde gösterimi çelişkili yönelimler alacaktır. Hıristiyanlık bireyi değerli kılar, çünkü her insan doğrudan Tanrı'nın mesajını almaktadır. Ama bu bireyselleştirme tam olarak Tanrı'yla bağlantı üzerinden işler yalnızca; Hıristiyanlık insanların toplumsal davranışına ilişmez, daha çok toplum dışı bir varoluşun yolunu açar onlara. İsa'nın krallığı bu dünyada değildir; bu dünyada Hıristiyan, Sezar'ın hakkını Sezar'a verir. Öğreti insan sevgisini yüceltir gerçekten, ve Aziz Pavlus der ki: Başkalarını seven Hıristiyanlığın gereklerini yerine getirmiş olur; ama bu insan öteki insanları Tanrı'yı sevmenin bir yolu olarak, kimilerinin uzak durabileceği bir yol olarak sever.

IV. yüzyıldan itibaren, Hıristiyanlık resmi devlet dini olduğunda, öğretinin resimde gösterime etkisi belirginlik kazanacaktır. Öncelikle, kilisenin merkezi kurum olması, papaların dünyevi erkin çok yakınına yerleşmesiyle birlikte Tanrı'yla bireyin doğrudan ilişkisine gölge düşer. İmparator Konstantinus'tan sonra, manevi alanla dünyevi alan kimi zaman birbirine karışacak ölçüde yakınlaşır; doğrudan Tanrı'ya seslenmek yerine, birey bundan böyle Kilise'yi aracı olarak kullanır. Bu ilk dönüşüme bir ikincisi eşlik eder, ki bu da bedeni ruha, bu dünyaya ait olan her şeyi de göklerin ve Tanrı'nın düzenine bağlı kılmaya dayanır. Ten Şeytan'ındır, Efendimizin bir tezahürü, diyecektir Aziz Pavlus. Aziz Augustinus tüm nesneleri iki kategoriye ayıracaktır: Kendileri dışında belli amaçlar için kullanılanlar ve geçişsiz olarak elde edilenler: Sonuçta, elde edilmeyi hak eden yalnızca Tanrı ve tanrısal olandır, bu dünyanın da yalnızca geçici bir yararı vardır. Bireylere çok bağlanmamak gerekir, Yaratıcı'nın onurunu yaratılana aktarmak olur bu, diye uyarır Nazianzus'lu Gregorios. Bernard de Clairvaux birkaç yüzyıl sonra tensel hazzın insanın kendisini yalnızca Tanrı'ya adadığı gerçek Hıristiyan yaşamına uygun düşmediğini söyleyecektir. Bu koşullarda, görünen dünyaya yönelik uzun süreli bir ilgi hep bir kuşkuyu beraberinde getirecek, resim sanatı da eski değerine kavuşamayacaktır. Yalnızca nesnelerle insanlar duyulara yöneliktir; ne var ki duyular bayağılıkla karşı karşıya bırakılırsa, bireylerin kendisi de değer kazanamayacaktır.

Yine de, Hıristiyan dini insanları bir yana bırakıp yalnızca Tanrı kültüne bağlı kalamayacak, bedenin zararına yalnızca ruhu öne çıkaramayacaktır. Tanrı insanı kendine benzetmiştir, İsa'nın kendisi de insan biçimindeki Tanrı'dır. İkonoklazma ya da tanrısal resimlere kökten karşı çıkma, sonunda dinsel bir sapkınlık olarak yargılanacaktır. Görsel gösterim yok olmayacak, ama dönüşüme uğrayacaktır: Resimler duyulara seslenecek, artık birinci işlevleri görünür olanı değil, gerçek ve doğru olanı göstermek olacaktır. Papa Büyük Gregorius 600 yılında şöyle söyler: "Resimler harfleri bilmeyenlerin kitabıdır." Başka bir deyişle, resimler aracılığıyla Hıristiyan öğretisini tanıyacak halkın büyük çoğunluğunun kitabıdır. Görünür olan, herkes için ortak olan bir derlemeyle, kavranabilir olanın hizmetine sunulacaktır.

Hıristiyan öğretisinin resimlerle bağı birkaç yüzyıl boyunca egemenliğini koruyacaktır. Bireyler yine betimlenecektir, ama ilk başta sayıları azdır: Görevleriyle ayrıcalık kazanmış kişiler, papalar, imparatorlar, önemli insanlar söz konusudur yalnızca. Dahası, bu gösterim bütün ayrıntıları ve küçük farklılıklarıyla benzersiz olanı değil, genel nitelikleri yakalamaya çalışır. Resim kendisini şemaya dönüştürür.

Öğretideki anlamlı değişimler, uzun süredir hazırlanmış olmakla birlikte, XIV. yüzyıldan itibaren ortaya çıkar. Burada öncelikle, bu yüzyılın ilk yarısında etkinlik gösteren Ockham'lı William'ın adını anmak uygun olacaktır. Tanrı'nın özgürlüğünün sınırsız olduğunu kanıtlamayı arzulayan Ockham'lı William'ın, dünya düzeninin Tanrı'nın istencine boyun eğmediği ilkesini getirir. Dolayısıyla papayla çatışmasında imparatorun tarafında yer alır; aynı zamanda, kendi içinde maddi dünya bilgisini yasallaştıracaktır, bu dünya Tanrı'nın kurallarına uymamaktadır çünkü. Dünyayı tanımaksa duyuları, duyulara sunulanları, bir başka deyişle bireyleri canlandırmak demektir. Bu bakış açısında, görünür olan saygınlığına kavuşur, bu noktada gösterimi de yasallaşır.

Aşağı yukarı aynı dönemde, Avrupa'nın kuzeyinde *devotio moderna* (modern inanç) adı altında dinsel bir hareket gelişir; bu akımın derslerini bir araya getiren kitap bir yüzyıl sonra, 1441'de çıkacaktır: Dünyada en çok okunan Hıristiyan kitaplarından biri olan, Thomas à Kempis'in *Imitatio Christi* adlı çalışması. Bu düşünce akımı ilkel Hıristiyanlığın izleklerinden birini yeniden ele alır: Her bir insanla Tanrı'nın doğrudan bağlantısı; böylelikle, her nesne ve her insan aynı saygınlığa kavuşur. "Ne kadar alçak ve ne kadar bayağı olursa olsun, Tanrı'nın iyiliğinden bir yansıma taşımayan yaratık yoktur." *Devotio moderna*'nın kurucularından Geert Groote, çağdaşlarını Azizler Ailesi ve azizlerle yakın durmaya çağırır: "Her yerdeler onlar, bizim evimiz, onların evidir".

XV. yüzyıl başında Paris Üniversitesi şansölyesi, aynı zamanda Bruges piskoposluk kurulu üyesi olan Jean Gerson bu *devotio moderna* akımının kimi fikirlerini alıp daha ileri götürecektir. Tanrı'nın insanlara duyduğu sevgiyi, bir kocanın karısına duyduğu aşk kadar iyi yansıtan bir şey yoktur. Resimler öğretiye bağlı kalır, ama ikisi arasında bir kopuş yoktur: "Resmin amacı, görünür olanı görünmez olana, bedensel olanı tinsel olana doğru giderek aşmayı zihinsel olarak öğretmektir." Gerson, özellikle herkesin sıkıntılarına yakın insani bir aziz olan Yusuf kültünün de başlangıcında yer alacaktır.

Tanrıbilimci ve düşünür Nicolas de Cues'in yapıtıysa bireyin yükselişini farklı bir biçimde hazırlar. Mutlak ve görece olanı, nesnel ve öznel olanı –bu kutuplardan yalnızca birini öne çıkarmak yerine– birbirleriyle bağıntıları içerisinde konumlandırmaya çalışır. "Gözlemciye neredeyse devinimsiz bir merkezdeymiş ve geri kalan her şey deviniyormuş gibi gelir hep..." Gözlemcinin –her öznenin– konumu hem bir yanılsamadır (herkes kendisini dünyanın merkezi sanır) hem de gerçek: Zaten çevremizi saran şeylere göre böyle konumlanırız. Öznel yol, ister istemez kısmi olmakla birlikte meşrudur. Tanrı'ya giden yol birden fazladır (Nicolas de Cues dinlerin birleşmesini vazeder), birden fazla dünya görüşü varolma hakkına sahiptir. Sonsuzlukta varolan ve şeylerin özünü bilen Tanrı'nın tersine, insanlar zamanın içinde yaşar, gelip geçici dünya işleriyle uğraşırlar.

XIV. ve XV. yüzyıllarda geçerli olmuş bu fikirler tutarlı bir dizge oluşturmaz. *Devotio moderna* doğanın seyri, dolayısıyla görünür olanın gösterimi denebilecek resim sanatını gücül olarak yasaklar. Platoncu Nicolas de Cues, Ockham'lı William'ın adcı (nominalist) kuramlarında kendine yer bulamaz. Tek bir kuram yerine, modernliğin muştucusu bu farklı belirimler, onun ideolojik zeminini oluşturur. Sentezleriyse, o dönemde, özellikle resim sanatının gösterimlerinde gerçekleşecektir.

III

Resmetme biçiminde, bireyi resme dahil etmeye olanak tanıyan dönüşüm öncelikle kitap bezeme işinde gerçekleşir. Müşterinin özel kullanımına yönelik bu sanat, kamusal alanlar, kiliseler ya da saraylar için yapılan resimle karşılaştırıldığında, geleneksel kurallar karşısında daha büyük bir özgürlük alanına sahiptir. XIV. yüzyıl sonu ve XV. yüzyıl başında yaşamış büyük sanat hamileri arasında Fransa sarayıyla akraba iki kişi öne çıkar: Berry dükü Jean ve yeğeni, Burgonya dükü Philippe. Saray ya da kent ressamları onlar için dünyayı betimlemenin yeni bir yolunu ortaya çıkardıkları birkaç elyazmasını resimlerler (*Les très riches heures du duc de Berry* bunların en ünlüsüdür).

İlk büyük değişim, resmin artık önceden belirlenmiş ve aktarılması gereken bir anlama bağlı olmaktan çıkarak görüşe hizmet etmeye başlamasıyla gerçekleşir: Resim görüleni gösterir. *Les très riches heures*'ün takvimi, Şubat ayında ateşin önünde ısınan köylüleri ve karla kaplı evi gösteriyorsa, bunun nedeni köylülerin ya da karın belli bir tanrısal anlamı olması değil, o ülkede, yılın o döneminde olayların bu şekilde gelişiyor olmasıdır: Resim, olanı göstermektedir. Ekim ayı için yapılan bezemede tomurcukları gagalayan saksağanlar ve kargalar, sarayın önünde sohbet eden insanlar ya da kıyıya yaklaşan bir kayık görülüyorsa eğer, bunun amacı dinsel bir tanıtlama değildir, orada, o dönemde böyle yaşandığı için böyle resmedilmiştir. Öte yandan, yalnızca bireyler duyulara sesleniyorsa eğer, görüleni göstermek, bireysel olanı gözler önüne sermektir aynı zamanda.

Özler ve soyutlamalar, Tanrı'da varolduklarında sonsuzdur; insan algısıysa zamanda yer alır. O dönemin kitap bezemecileri zamanın izlerini keşfederler: Takvimde yıllık çevrim gösterilmiştir ama günlük çevrim de vardır. Nesneler yalnızca oldukları gibi değil, –günün saatlerine göre değişen– belli bir ışıkla aydınlatılmış olarak da ilk kez bu resimlerde betimlenir. Dolayısıyla Avrupa resim tarihinde ilk kez kar resmi yapılmış olur (yıllık çevrim) ya da eşyalarla kişilerin gölgesi gösterilir (günlük çevrim). Bunlara bir de yaşamın çevrimi eklenir: Zamandışı bir bakış kişileri gençlik ya da olgunluk gibi ülküsel bir yaşta gösterirken, artık zamanın bıraktığı izler görülür: Çizgiler, kırışıklıklar.

Kimi hareketlerse ister istemez zamanın akışı içerisinde yer aldıklarını daha bir belli ederler, durağanlık yerine devinim gibi. Öte yandan, kımıldayan insanlar bu dönemin resimlerine kitlesel bir giriş yaparlar. Ayaklar yerden kalkar; yeniden toprağa basmadan önce bir saniye öylece havada kalırlar ve betimlenen de işte o saniyedir. Bir kitap bezemesi, büyük olasılıkla Avrupa resmindeki ilk gülümsemeyi betimlemiştir: Gülümseme, yalnızca bir an süren bir başka geçici durum.

Hıristiyan imgeleminin anahtar isimleri –İsa, Meryem ve azizler– bir özün (ruhun) insan bedeninde görünümü olarak da betimlenebilirler, özel bireyler olarak da: XIV. yüzyıl kitap bezemecileri bu ikinci yolu izleyecektir. Ebediyette taht kurmuş bir İsa yerine, onun varoluşunun en insansı anlarına odaklanırlar: Doğuşu ve ilk çocukluğu. Ona çorba ısıtan ya da giysi biçen Yusuf'u gösterecekler-dir bize. Ya da çilesini, bir Tanrı gibi utku kazanmadan önce bir insan gibi acı çektiği ânı resmedeceklerdir. Yakınlarının, Meryem'in ya da Vaftizci Yahya'nın doğuşu gerçek tür sahnelerine olanak tanır; ısıtılmış suyu uygun sıcaklığa gelmiş mi diye elle yoklayan ebeler görülür örneğin. Yusuf, özellikle sıradan insanlara ayrıca yakın bir aziz olarak çokça betimlenecektir.

Kitap bezemecilerinin keşiflerini resim sanatına aktaracak ve aynı anda dizgeleştirecek olan da birkaç Flaman ressam, özellikle de Robert Campin ve Jan Van Eyck olacaktır. Campin'in bir *İsa'nın Doğuşu* tablosunun, Beytüllahim'den çok Flandra'ya özgü, oraya özel bir görünüm sunduğunu belirtmek gerekir – ama *devotio moderna* İsa'yla Meryem'in XV. yüzyıl Flandra köylüleriyle aynı dünyada yaşadıklarını kesinlememiş midir? Aynı tablo inekle eşeği de gösterir, çayırlıkta ya da evin arkasındaki ahırda görülebilecek bir ineğe ya da eşeğe benzer bu hayvanlar; zaten ahırın yemlikleri de gerçek dünyada sıkça görüldüğü üzere, viran durumdadır. Yusuf'la çobanlar bölgenin sakinlerini andırırlar. Başka tablolarda, Bakire Meryem de odasında Flaman bir kadın gibi, Yusuf ise işliğinde çalışan bir marangoz gibi betimlenmiştir.

Campin de, biricikliği konumuna bağlı bir ayrımla belirlenmemiş ve toplumda öncelikli bir yere sahip olmamış insanların bireysel portrelerini yapmış ilk ressamlardandır. Örneğin Dük Philippe'in maiyetindeki şövalyelerden Robert de Masmines, en ufak bir ülküselleştirme kaygısı güdülmeden resmedilmiştir: Burada betimlenen genel bir soylu şövalye tipi değil, kaba yüz hatlarıyla, biraz inatçı bakışıyla, çok kısa kesilmiş kara sakalıyla özel bir bireydir. Soylu bir erkekle kadının portreleri de bireysel ayrıntılar konusunda aynı titizliğe tanıklık eder; modellerin adının bilinmemesi de portrenin artık yalnızca ünlü kişilere özel yapılmadığını gösterir.

Aşağı yukarı aynı dönemde, Jan Van Eyck da birey portreleri yapar: Karısını, birkaç soyluyu, Bruges'e yerleşmiş bir İtalyan tüccarı resmeder, bunlara kendi otoportresi de eklenebilir. Âdem ve Havva'yı bizlere yakın, zamanın izlerini taşıyan, sıradan insanlar gibi betimler. Özel ayrıntılara gösterilen özen burada uç noktalara götürülmüştür: Van Eyck küçük köpeği en ufak tüyüne kadar, bir meyveyi üzerindeki en ufak yansımaya kadar betimler.

Betimlenmesi meşru nesnelere dönüşen bireylerin yanında, artık bir birey-özne olarak ressamın kendisi yükselir. XIV. yüzyıldan itibaren, kitap bezemeleri yapan sanatçılar yakın bir sayfaya adlarını iliştirirler. XV. yüzyıl başından itibaren de, perspektife uygun, bir başka deyişle ressamın –ve buna bağlı olarak izleyicinin– uzamın belli bir noktasında, yalnızca kısmi, hatta dünyayı biçimsizleştiren bir görüş açısında durduğunu esinleyen betimleme sanatında ustalaşmaya başlarlar. Kimi sanatçılar kitabın sayfa kenarlarında kaba çizgilerle de olsa kendilerini resmederler.

Birey-ressamın böylelikle araya girmesi Van Eyck'ın yapıtında gözle görülür biçimde vurgulanacaktır. Ressam tablolarını imzalar, zaman zaman çerçeveye kendi yazısını ekler, ya tablonun içinde bir yüzeye ya da aynaya kendi yansımasını resmeder. Van Eyck kompozisyonları belli bir bakış açısında düzenlenmiş izlenimi vermekle kalmaz, aynı zamanda betimlenen uzamla tablonun uzamını da çakıştırmaz, öyle ki bir pencere, bir kap ya da bir mobilya çerçeveden çıkıverir. Nesnel dünya ve ona yönelen öznel bakış iç içe geçmez ve bu örtüşmezlik ressamın ve yapıtının benzersizliğini, her ikisinin de biricik bir zamanda, bir uzamda yer aldıklarını dile getirir.

Sonuçta, öncellerinin teknik derslerini iyi kavramış XV. yüzyıl kitap bezemecileri ve ressamları yeniliğe de değer verirler. Sanat hamileri –ünü sınırları çabucak aşmış– belli bir ressamın yalnızca kendilerine hizmet etmesini sağlamaya çalışırlar. Öncülerin buluşları hemen taklit edilir, yalnızca geleneğe bağlılıkla yetinmeyen çıraklar, teknik marifetlerle öne çıkmaya çalışırlar.

XV. yüzyıl ortasından itibaren, bu hareket genelleşir, artık geri dönüşü yoktur: Bireysel dünya ve özellikle birey olarak insanlar resim sanatına toplu bir giriş yaparlar. XIX. yüzyıl sonuna kadar da oradan ayrılmayacaklardır.

IV

Modernizm öncesi dünyanın gösterim tarihine bu hızlı bakış, hem Avrupa resminin hem de felsefi düşüncenin evrimiyle ilgili birçok soruna yeniden göz atmayı gerektiriyor.

Öncelikle resmin etkin bir biçimde düşünce tarihine katıldığını –dolayısıyla yalnızca biçimsel niteliklerine yönelik bir yaklaşımın düşündürebileceklerinin tersine, resmin kendisinin de düşünce olduğunu– söyleyebiliriz. Resim sanatı, bir başka alanda dile getirilmiş fikirleri izleme gereksinimi duymadan düşünür. Campin ve Van Eyck, Erasmus'tan yüz yıl, Montaigne'den de yüz elli yıl önce yaşamışlardır. Nicolas de Cues onların çağdaşıdır ama ressamlar ondan değil de, o ressamlardan bir şeyler öğrenmiş gibidir. Resim, ikonolojik yönteme göre herhangi bir nesnede ya da devinimdeki bir kez belirlenmiş anlamı kodlayarak düşünemeyeceği gibi, bu şekilde çok fazla da düşünemeyecektir; resim, gösterimin kendi değişkenlikleri üzerinden düşünür.

Resimde gösterimi düşünce tarihi çerçevesine yerleştirdiğimizde, büyük kopuşun –bireyin keşfi– XV. yüzyılın birinci yarısında, Avrupa'nın kuzeyinde, Flandra, Burgonya ve Fransa'da gerçekleştiğini görürüz. Bu kopuş, Rönesans diye adlandırdığımız döneme de anlam kazandırır: Rönesans, Antik sanatın yeniden keşfi değildir yalnızca, İtalya'da yaşanan gelişmelerle de sınırlandırılamaz. Bu noktadan sonra, tarih çizgisel ve bağdaşık bir biçimde ilerlemeyecek olsa da, bireyin yükselişi önlenemez artık. Tanrısal olanın gitgide insanlaştığına tanıklık ederiz (Dürer'in 1500 tarihli İsa olarak otoportresi bunun en canlı tanıklıklarından biridir), XVII. yüzyıldan itibaren bunu insanın belli bir biçimde tanrılaştırılması izleyecektir.

Bireyin böylelikle keşfedilmesinin, diğerlerinden soyutlanmış, belli bir öznelliğin nedensizliğine indirgenmiş bir bireyin yükselişini kesinlikle ifade etmediğini de eklemek gerekir. Tam tersine, Nicolas de Cues'in de esinlediği üzere, farklı yollardan aynı hedefe ulaşılabilir, öznellik ortaklığı dışarıda bırakmaz. Rönesans ressamları hep aynı zihinsel çerçeveyi ve aynı yorumlama kodlarını paylaşmakla kalmaz, Hıristiyan öğretisi içinde kalır ve herhangi bir nesnenin, herhangi bir devinimin uzlaşımsal anlamını unutmazlar. Ama ayrıca ortak, herkesin gördüğü ve tablolarıyla betimledikleri bir dünyaya gönderme yaparlar. Bu tabloların getirdiği hümanizma, bir tür bireycilik olarak değerlendirilemez.

Resim sanatı Rönesans'tan itibaren bireye ve görünene ayrıcalık tanıyarak, klasik anlatımına Pascal'da rastladığımız bir sorunu ortaya çıkarır: "Özgün hallerine hiç hayranlık duymadığımız şeylere benzerlik yoluyla hayranlık uyandıran resimde nasıl bir kibir vardır" (Pensées, Br. 134, L. 40). Dünyayı betimlemek onu göklere çıkarmak demekse eğer, dünyadaki her şey göklere çıkarılmaya değer sonucunu çıkarabilir miyiz buradan? Görüneni kavranabilir olana bağlı kılan Ortaçağ düşüncesi yeğlenebilir bu durumda. Pek çok modern yorumcu gibi, anlamından bağımsız olarak yalnızca imgeye bağlı kalınabilir; ya da birçok modern ressam gibi, gösterimin kendisinden vazgeçilebilir. Ama gösterimsel resme içkin bu dünya övgüsü de, onun bireysel düzlemdeki somut örnekleri de kabul edilebilir ve burada işleyen bir düşünce görülebilir. Rilke sanatçının dünya karşısındaki tutumunu dile getirmek için, bedenini ısıtmak üzere cüzamlının yanında yatabilen Konuksever Aziz Julien söylencesini anmaktan hoşlanırdı. Bireye övgü olarak resim sanatı, bütünüyle görünür olan dünyaya kendine özgü bir biçimde evet der, ki bu da Pascal'ınkı olmasa da belli bir felsefeye denk düşmektedir.

Bernard Foccroulle

Müzik ve Modern Bireyin Doğuşu

Ne söylediği anlaşılmayan metinleri dört ya da beş sesten okumak niye, Eskiler lirle desteklenmiş tek bir sesin gücüyle en şiddetli tutkuları harekete geçirebilmişken hem de? Kontrpuandan vazgeçmek ve güftenin yalınlığına dönmek gerek.

Bu satırların yazarı Vincenzo Galilei. Müzisyen ve düşünür, Floransa'da, Kont Giovanni Bardi'nin çevresinde toplanmış Camerata'nın üyesi; 1581 yılında, madrigal bestecilerinin çoksesliliğine şiddetle karşı çıktığı *Dialogo della musica antica e della moderna* başlıklı bir inceleme kaleme almıştır. Şiirsel ve dramatik anlatım için tek bir melodik satırın son derece daha uygun olacağına inanmıştır. Kuram oluşturmakla yetinmez nitekim: Dante'nin *Cehennem*'inden bir parça için "İnildeyen Kont Ugolino"yu kaleme alır. Bu yapıt büyük başarı elde eder, ama ne yazık ki günümüze ulaşamamıştır.

Vincenzo'nun büyük oğlu, ünlü fizikçi ve gökbilimci Galileo Galilei dünyanın devindiğini ve evrenin merkezinde yer almadığını kanıtlayacaktır. Kesinlikle modern bir kafa yapısıyla, bilimle dinin, matematikle gizemciliğin, fizikle büyünün mutlaka ayrılması gerektiğini söyleyecek, bu bilimsel devrim insanın dünyayla ilişkisini de değiştirecektir.

* Antikçağ sonlarında ve Ortaçağ'da kullanılmış sanatsal sınıflandırma. Buna göre, liberal sanatlar iki dereceye ayrılır. *Trivium* (Latincede "üç yol" anlamına gelir) diye adlandırılan ve ilk derecede yer alan dallar arasında dilbilgisi, mantık ve retorik yer alır. *Qu-*

Müzikle gökbilim bu sıradışı ailede bir araya gelir: Bir rastlantı mıdır bu? Yüzyıllardan beri, müzik ve gökbilim liberal sanatlar* arasında yakın bir konumda yer almışlardır. İki dal birbirine koşut olarak öğretilir ve Antikçağ'la Ortaçağ'ın büyük bilginleri her iki dalın da aynı temel yasalara bağlı olduğuna, aynı sayısal bağlantılar tarafından yönetildiğine ikna olmuşlardır. Alegori ilkesinin egemenliğindeki Ortaçağ düşüncesi için, müzik yapıtları –genel olarak da sanat yapıtları– tanrısal gerçekliklerin algılanabilen belirimleri olarak hayranlıkla karşılanır.

Vincenzo Galilei'nin bilinçli ya da bilinçsiz olarak temelden sorguladığı da müziğin bu konumudur. XVI. yüzyıl sonlarındaki birçok şair ve müzisyen gibi, onun amacı da bireysel duyguları aktarabilecek bir müzik dili bulmaktır. Müzikte yansıtmak istediği kürelerin uyumu değil, aşk, neşe ve hüzündür, insanoğlunu etkisi altına alan duygulardır. Sezinlediği ve beklediği müzik, Petrarca'dan beri şairlerin, Van Eyck ve Masaccio'dan beri ressamların, Donatello ve Claus Sluter'den beri heykeltıraşların sanatında görülebileceği üzere, insanı merkez alacaktır.

1589 yılında, Ferdinando de Medici'yle Christine de Lorraine'in evlilik törenleri için Floransa'da görkemli şenlikler düzenlenir. Prensler çok büyük bir davetli topluluğuna sunulmak üzere bir yapıt ısmarlarlar: *La Pellegrina*, dönemin en büyük birkaç bestecisine emanet edilmiş, altı müzikal bölümden oluşan bir çevrimdir bu. Kaydadeğer niteliğiyse, birçok parçanın çalgıların eşlik ettiği bir solist için yazılmış olmasıdır. Yazı yine çokseslidir ama operanın yükselişi yakındır. Yeni bir müzik dili yaratmak kalmıştır geriye: *Stile recitativo* olacaktır bu, başka bir deyişle müzikte yeni bir konuşma biçimi, söz kadar serbest ve tek bir çalgının *basso continuo* eşlik ettiği bir solo şarkı. Böylelikle, Perri ve Caccini'nin ilk operaları için, Daphne, Orpheus ve Eurydike gibi söylensel figürleri öne çıkaran anlatılar üzerine kurulmuş, hümanist ülkülerden beslenen operalar için yol açılmış olur.

adrivium (Latincede "dört yol") denen ikinci dereceyse aritmetik, müzik, geometri ve gökbilim dallarını kapsar. Birinci derece dil yeteneğini, ikinci dereceyse sayısal yeteneği geliştirmek üzerine kurulmuştur. (ç.n.)

1607 yılının Şubat ayı sonunda, Claudio Monteverdi Mantova'da *Favola d'Orfeo*'sunu yaratır, tarihsel ve estetik açılardan benzerine rastlanmamış bir olaydır bu. Monteverdi sanatının zirvesindedir ve madrigallerinin *Beşinci Kitabı*'nı yayımlamıştır. Opera tarihinin ilk başyapıtını imzalamak için Orpheus söylenini seçer. Monteverdi, *Orfeo* ile, çokseslilikle son müzikal yenilikleri birlikte kullandığı bir sentezle, bireysel duyarlılığı en ileri düzeyde aktarmayı başarır. Bu estetik "devrim"in getirileri yalnızca barok dönemin sonuna dek hissedilmekle kalmayacak, XX. yüzyıl ortalarına kadar, hatta "sanat" müziğinin* sınırlarının ötesinde de kendini gösterecektir. Müzikte "ben"in anlatımına yol açan Monteverdi yeni bir çağ başlatır, daha sonra Bach, Mozart, Verdi, Wagner, Debussy, Schœnberg, Duke Ellington ve John Coltrane gibi çok farklı müzisyenler de bu çağın içinde yer alacaktır.

Baba-oğul Galilei'lerin savaşımı ve Monteverdi'nin yapıtı, Rönesans'ı harekete geçiren dinamik içerisindedir. Tanrı-merkezciliğin çöküşü ve hümanist düşüncenin yükselişi yeni bir dünya deneyimine bağlıdır: Kutsal olanın geri çekilişi. Tanrı-merkezci bir dünya içerisinde, Tanrı'ya dair her şey yeryüzünde hissedilebilir bir biçimde sürdürmektedir varlığını: Her an her yerdedir, Yaratılış'ın güzelliğinde, kürelerin uyumunda ya da sanat yapıtında. Ortaçağ müziğinin her an, her yapıtta açığa vurduğu da budur.

Modern dünyada, kutsalın varlığı yine hissedilebilir kuşkusuz, ama farklı bir biçimde, geride. İnsan yeni bir gönderge merkezi olarak çıkar ortaya. Hiyerarşiye konmuş, topluluklara ayrılmış bir yapı içerisinde Tanrı kulu olarak ele alınan insan değildir artık, kendisini benzersiz kılan görünümlerle ötekilerden ayrılan birey de değildir. Modern çağın şafağında ortaya çıkan birey *benzersiz* bir bireydir, dünyanın uçsuz bucaksızlığını bünyesinde barındırır. Demokratik yaşamıyla özgürlüğüne sahip çıkmayı deneyecek olan bireydir.

* Fr. *Musique savante.* "Sanat müziği" diye karşıladığımız bu terim, ileri düzeyde yapısal ve kuramsal araştırmalara dayanan, halk müziği ve geleneksel müzikle karşıtlaşan formları ifade etmektedir. Temelde klasik Batı müziğine işaret etmekle birlikte, günümüzde farklı kültürlerin klasik müziklerini; elektro-akustik müzik, deneysel müzik ve minimalist müzik gibi çağdaş türleri ve kimi Caz formlarını da kapsayan bir terim olmuştur. (ç.n.)

Kutsalın dünya dışına çekilmesiyle yaşanan modern deneyim ve bununla birlikte bireylerin benzersizleştirilmesi deneyimi sanat yapıtının anlamını da derinden etkiler. XII. yüzyıldan itibaren resimde ve yazında giderek ilerleyen bir dönüşüm gözlemlense de, müzik hümanizmin etkisine daha geç tepki vermiş gibidir. Yine de, XVI. yüzyılın sonunda gerçek bir devrim yaşanır: Operanın ve konser çeşitlerinin ortaya çıkışıyla birlikte, müzisyenler önceki kuşaklar için akıl almaz biçimlerde, bireysel duyarlılığı, dahası bireyle grubun ilişkisini dile getirebilecek bir müzik diliyle donatılırlar.

Bundan böyle, güzel mutlak değildir, kutsal olansa öznel ve insani olur çıkar. Müziğin amacı Evren'deki uyumu yansıtmak değildir artık, Descartes'ın 1618 tarihli *Compendium Musicae*'sinde yazdığı gibi, "hoşa gitmek ve içimizde çeşitli heyecanlar uyandırmak"tır. Hoşa gitmek ve heyecan uyandırmak: Modern zamanların müziğinin konusu da, alıcısı da bireydir. Ruhun hissettiklerini, müzikteki evrimi dinleyicileri büyüleyen, alıp götüren şu *affetti*'yi* *taklit etmeye* yönelir. 1597 yılında, müzik tarihinin ilk operasının –Jacopo Peri'nin *Dafne*'sinin– yaratıldığı dönemde, tanıklar "bu çok yeni gösterinin karşısında dinleyicilerin ruhunu ele geçiren hazzı ve huşuyu dile getirmek olanaksız" diyeceklerdir.

Vokal müzik araştırmalarından türeyen yeni müzikal yordamlar, enstrümantal müzikte de görülebileceği üzere, daha önce benzerine rastlanmamış bir müzikal anlatım zenginliği sergileyeceklerdir. Solo şarkıya virtüozun oyunu karşılık verir, kantata sonat, operanın debdebesine gösterişli bir orkestranın zenginlikleri karşılık verir. Enstrümantal olanlar başta olmak üzere yeni formlar, hiç bilinmeyen anlatım alanları keşfederler. Frescobaldi'nin klavye için yazdığı *Toccata*'sı, özellikle incelikli ve karşıtlıklar içeren bir *affetti* sanatının başlangıcını belirler. XVII. yüzyılın sonundan itibaren, *concerto*, sonradan romantizmi belirleyecek olan birey/toplum ilişkisini önceleyerek solistle orkestrayı karşı karşıya getirir.

Yüzyıllar boyunca, müzik bir bilim gibi, sayılar sanatı olarak öğretilmiştir; ama artık retorikle tragedyanın kardeşidir. Tragedya operaya giden bir yolsa, retorik de, dinsel ya da dindışı, enstrü-

* Duygulanımlar. (ç.n.)

mantal ya da vokal türlerde gözle görülür bir biçimde müziğe etki edecektir. Retorikle müzik arasındaki ilişkinin bu yeniden keşfinin, XX. yüzyılın son döneminde barok müziğin yeniden önem kazanmasında da çok önemli bir işlevi olacaktır.

Bir müzik dünyasından ötekine nasıl geçilmiştir, modern çağın şafağında müzik anlayışı bile nasıl köklü bir değişim geçirmiştir; bu incelemede, Claudio Monteverdi'nin yapıtı üstünde durmadan önce, hızlı bir tarihsel bakışla bunları göstermeye çalışacağız.

Müzik, Kürelerin Uyumunun Yansıması

Ortaçağ'a özgü dünya anlayışında, tüm öteki sanat dalları arasında en benzersiz konuma sahip olan müziktir. Yunan düşünürlerinin izinden giden Yukarı Ortaçağ kuramcıları, müziği bilim dalları arasına koyarlar. Liberal sanatların ilk eğitim derecesi *trivium*'da dilbilgisi, mantık ve retorik vardır; müziğe gelince, *quadrivium* diye anılan bir sonraki derecede, aritmetik, geometri ve gökbilimle birlikte yer alır.

Müziğin bu bilim dallarıyla ortak, temel bir öğesi vardır: Sayılar ve oranlar üstüne kurulmuş bir sanatın en yetkin örneğidir. Pythagoras Antikçağ'da bir telin uzunluğundan yola çıkarak müzikteki aralıkları incelemiştir: Teli ikiye ayırdığında oktavı, üçe ayırdığında beşli aralığı, dörde ayırdığındaysa dörtlü aralığı elde eder. Dolayısıyla müzik gizil bir düzene göndermektedir bizi, ki bu da evreni yöneten düzenden başkası değildir. Aynı oranlar, müziği kürelerin uyumu gibi "anlamaya" olanak tanımıştır.

Aziz Augustinus (354-430) Hıristiyan düşüncesini Platon felsefesiyle zenginleştirir. Güzeli ve sanatı ele aldığı pek çok metin yazar, özellikle de *De musica* başlıklı, ne yazık ki tamamlanmamış bir incelemesi vardır. Bir şeyler hoşumuza gidiyorsa eğer, bize güzel geliyorsa, "bunun nedeni benzer kısımların belli bir birleştirme yoluyla bir uyumun birliğine ulaştırılmış olmasıdır."[1] Öte yandan, kusursuz birlik bir tek Tanrı'da tamamlanır: "Düzenin kendisi de mutlak güç Tanrı'dan

1 Saint Augustin, *De vera religione*, XXXII, 59. *Esthétique et philosophie de l'art* içinde, Bruxelles, De Boeck, 2002. Bölüm I, *De l'héritage antique au Moyen Age scolastique* bu açıdan özellikle aydınlatıcıdır.

gelir." Bundan böyle sanatçı, evrende varolan güzelliğin izlerini açığa çıkarmaya yönelmelidir; ancak bu güzellikler ilk bakışta hemen ortaya çıkamayacağına göre, bir düzen kurma işi "akıl"a kalır. "Ruh ancak bu şekilde kendi haline bırakıldığında, evrenin güzelliğinin neye dayandığını anlayacaktır, ki onun adı da elbette *bir* sözcüğünden gelir."[2] Müzikal gamı ve ritmi yapılandıran sayılarla oranlar, Tanrı'nın evreni düzenlerken kullandıklarının ses simgeleridir. Bunları incelemek evrenin yasalarına ilişkin bir bilgiye erişmemizi sağlayacağı gibi, o noktadan sonra kutsal olana dalıp gidebilmemize, Tanrı'daki sonsuz uyumun bir yansımasını fark etmemize de olanak tanır. Aziz Augustinus için, bir bilim olmasının ötesinde müzik gerçek anlamda bir bilgelik yolu, insanı Tanrı'ya götüren gizemci bir deneyimdir.

Bir yüzyıl sonra, Boetius (yak. 480-524), Aziz Augustinus'un düşüncesini ünlü incelemesi *De institutione musica*'da daha ileri götürür. Müziği önem sırasına göre düzenlenmiş üç kategoriye ayırır: Öncelikle *musica mundana*, müziği kozmik düzene, gezegenlerin devinimine, mevsimlerin ve elementlerin değişimine bağlar. Bunu, bedenle ruh arasındaki bağı sağlayan *musica humana* izler, ve son olarak da, *musica instrumentalis*, yani vokal müzikle enstrümantal müziği içeren, bugün duyduğumuz biçimiyle müzik gelir. Aziz Augustinus'un *musicus* (kuramcı) ve *cantor* (icracı) ayrımını yeniden ele alan Boetius, gerçek müzisyenin müziği besteleyen ya da icra eden kişi değil, müziğin yasalarını *anlamak* ve bu yolla dünyanın düzenini kavramak için aklını kullanan kişi olduğu görüşündedir.

Bir açıdan, Ortaçağ müziğinin tamamı kendi içine kapanmış bir dünya, Tanrı'nın kendisine benzer bir biçimde yaratıp düzenlediği kusursuz bir dünya anlayışı ışığında değerlendirilebilir ve değerlendirilmelidir. Müziğin tamamı mı? Gregoryen denen "ilahi müzik", Hıristiyan kilisesi içinde yüzyıllar boyunca oluşmuş dinsel müzik, kolaylıkla bu çerçeveye alınabilir: Bu *teksesli* (solist ya da koro olsun, hep tek seste söylenen) müzik, Roma döneminin ilk gizli topluluklarından barbar zamanların manastırlarına ve Karolenj dönemin Hıristiyan meclislerine dek sayısız kuşağın ortak inancını dile getirir.

2 Saint Augustin, *De ordine*, I, 3, s. 307.

A cappella bir şarkının arılığı içerisinde, sahının derinliklerinde yalnızca kendi yankısının eşlik ettiği Gregoryen bir melodi derin bir heyecan duymadan dinlenebilir mi? Seslemsel (hece başına tek bir nota) ya da melismatik (kimi heceler birden çok notayla bezenmiştir) olsun, ilahinin ritmik serbestliği bir sertlik ve duraklama izlenimi yaratır: Sertlik *ison*'a, vurgulu heceye, akışı belirleyen ve melodinin ister istemez üstünde sonladığı notaya yerleştirilmiş olmasından ileri gelir. Duraklama duygusuysa, ritmik esnekliğe, bürüne (prozodi) ve metnin vurgularına, ölçü yokluğuna ve düzenli atıma, Gregoryen melodiyi niteleyen coşku ve sağlamlık arasındaki o dengeye bağlıdır. Bir keşişler korosunun sesibirli'siyle işitilen şarkı, paylaşılan inancı somutlaştırır; Tanrı'ya yakarırken de gündelik yaşamdaki işlerde olduğu gibi bir araya gelmiş topluluğun birliğini simgeler. Yapıtın sonunda vurgulu heceye zorunlu olarak, hatta cümle sonunda sıkça geri dönüş yapılması Aziz Augustinus'un betimlediği temel birliği simgeler: İnançlı insanoğlunun Tanrı'da eriyip gitmesini, her şeyin ilkesini.

Çokselsliliğin Ortaya Çıkışı

MS 1000 yılının ertesinde, Batı devasa ölçekte ilk müzik devrimine sahne olur: Çoksesliliğin ortaya çıkışı. Koşut sesli şarkıdan iki ya da daha fazla bağımsız sesle okunan şarkıya kadar gidilerek farklı aşamaları yeniden oluşturulabilecek bu süreç, dinsel müzik içerisinde gelişir. İlk *organa*'lar iki ses için, notaya karşı nota, "puan kontpuan" biçiminde yazılmıştır; sonradan yerlerini daha melismatik bir yazıya bırakacaklardır. Birkaç nadir elyazması XI. ve XII. yüzyıllardan itibaren, özellikle İngiltere, Akitanya ve Galiçya'da ortaya çıkan bu uygulamaya tanıklık eder. Santiago de Compostela'ya yapılan hac yolculukları hiç kuşku yok ki bu yeni uygulamaların yayılmasında önemli rol oynamıştır.[3] İlk büyük çoksesli yapıt bestecileri Paris'te,

3 XII. yüzyılın sonunda, Santiago de Compostela'da kopyalanan *Codex calinixtinus*, bilinen en eski üç sesli kompozisyonu barındırır.

* Fr. *Unisson*. İki kişinin ya da koronun aynı derecenin sesini bir ağızdan aynı şekilde çıkarmaları ve bu kuvvetli işitilişin bestenin bölümlerinde yazılmış biçimi. (ç.n.)

Notre-Dame Katedrali'nde kendilerini göstereceklerdir. 1163-1190 yılları arasında Notre-Dame bünyesinde çalışan Léonin'in derleyip kısmen bestelediği *Magnus Liber Organi*, dini takvimi* baştan sonra kuşatabilen çok sayıda iki sesli kompozisyon içerir. 1180-1238 yılları arasında Notre-Dame'da bulunmuş olan Pérotin, çoksesliliği üç dört sese kadar çıkaracaktır.

Gotik katedrallerin mihrabında doğan çokseslilik, dinsel ve daha geç bir dönemde olsa da, yavaş yavaş dindışı müzik türlerinin çoğuna nüfuz eder. Birçok açıdan, çoksesli müzik hâlâ Aziz Augustinus ve Boetius'un görüşlerini kaynak alır: Çakışmış farklı seslerin gidişatının denetimi hoş bir uyum yaratan en temel aralıklara dayanır: Sesibirli, oktav, dörtlü aralık ve beşli aralık. Gerçekten de bir *uyumdan*, çeşitliliği yöneten, olmazsa olmaz bir düzenin varlığını yapıtın merkezinde güvence altına alan bir uyumdan söz edilebilir. Bu uyum doğal olarak göklerin uyumunu çağrıştıracaktır.

Çok geçmeden, çoksesli yapıtlar metnin anlaşılmasını engelleyen bir karmaşa doğururlar. Bu olgu birçok metnin çakışmasıyla vurgulanabilir de. Ortaçağ müzisyeni için sorun oluşturur mu bu? Açıkça görülüyor ki hayır, üstelik yukarıda anılan müzik kuramının ışığında daha iyi anlaşılmaktadır: Müzik güzelse eğer, iç içe geçmiş metinlerle seslerin kulağın içinden çıkamayacağı bir sonuç vermesinin pek önemi yoktur, çünkü her müziğin derin anlamı ancak araştırmayla çözülebilir.

Doğal ve doğaüstü diye algılanan hiyerarşilerle yapılanmış bir toplum içinde, öte dünyanın harikalarını açığa çıkarabilecek, tanrısal âlemin yansımalarını esinleyebilecek, algılanabilir bir yapıt fikri ortaya çıkar haliyle ve yaygın kanının, toplumsal duyarlılığın içerisinde yerini sağlamlaştırır. Çoksesli müzik, tanrımerkezci bir dünya görüşünü kusursuz biçimde dile getirir: *Cantus firmus*'un varlığı –uzun ünlülerle süresi artan ve genelde tenorun ("metni okuyan kişinin") sesine teslim edilmiş Gregoryen ilahi varlığını sürdürmektedir–, Yaratılış'ta her an her yerde bu-

* Fr. *Année liturgique*: Zamanı ölçen Miladi takvimden ayrı olarak, yılın belli dönemlerindeki Hıristiyan dinine özgü kutlamaları gösteren dini takvim. (ç.n.)

lunan Tanrı'nın benzeridir. Böylelikle çoksesli müzik, tıpkı Gotik bir katedral gibi, onun heykelleri ve vitrayları gibi, bu dünyayla öte dünya arasında aracılık eder. Hugues de Saint Victor görünen ve görünmeyen arasındaki bu temel ilişkiyi açıklığa kavuşturur: "Görünen tüm nesneler, simgesel duyumuzu uyandırmak üzere görünür olarak sunulmuşlardır bize; bir başka deyişle, görünmeyenin anlamını, bildirimini hedefleyerek eğretili aktarımları üzerinden önerilirler [...]. Algılanabilen güzellik, algılanamayan güzelliğin imgesidir."[4]

Hıristiyanlık'ın ilk binyılı boyunca, çok ender istisnalar dışında, bestecinin, sanatçının adı sanı belirsizdir. Müzisyenin görevi sözcüğün modern anlamıyla "yaratmak" ya da bireysel bir duyguyu dile getirmek olmadığına göre, başka türlüsü nasıl düşünülebilir ki? Roman biçemli sütun başları ve anakapılarının çoğunun anonim heykeltıraşı gibi, Ortaçağ müzisyeni de içinde yer aldığı topluluğun ruhunu dile getirir, bütünüyle "biz"in hizmetindedir. Ama çoksesliliğin gelişimiyle birlikte işler değişecektir: Yeni dilin karmaşıklığı giderek daha açık seçik bir müzik yazısına başvurmayı zorunlu kılar, besteci bundan böyle tanınan biri olarak araya girecek, "yapıtını" daha sıklıkla imzalayacaktır.

Öte yandan, çoksesli müzik Hıristiyan cemaatini yüceltmeye özellikle elverişlidir: Çoksesli yapıtlar "biz"i söylerler, ama daha önceki kuşakların bilmediği bir çoğulluğu, çeşitliliği kabul eden bir "biz"dir bu. Gregoryen ezgide kendini ifade eden topluluk dağınık, birbirinden farksız, iman ve yakarıyla birleşmiş bir kitleydi. Oysa çokseslilikte anlatımını bulan toplum, katı bir biçimde hiyerarşiye bağlı, ama kendisini oluşturan farklılıkları kabul etmeyi öğrenen bir toplumdur. Derebeylerinin bir arada varolmayı öğrenmek zorunda oldukları kentsoyluların, tüccarların, zanaatkârların oluşturduğu yeni toplumsal sınıfların yükselişine tanıklık eder. Örgütlenen ve başkaldıran, ayrıcalıkları ve özgürlüklerini kollayan komünlere tanıklık eder. Kişinin, bireyin, hâlâ ürkek bir biçimde de olsa tanınmaya başladığını görür. Dolayısıyla, çoksesli-

4 *In hierarchiam cœlestem exposition*, alıntılayan Umberto Eco, *Art et Beauté dans l'esthétique médiévale*, Grasset, 1997. (*Ortaçağ Estetiğinde Sanat ve Güzellik*, Can Yayınları, 2009).

ğin gelişimine koşut olarak, XII. yüzyıldan itibaren şiirsel ve müzikal yeni bir lirizmin ortaya çıktığını görmek rastlantı değildir.

Ortaçağ Müziğinde Bireyin Ortaya Çıkışı

XII. ve XVI. yüzyıllar arasındaki Batı müziğinin incelenmesi son derece karmaşık bir evrimi gözler önüne serer: Tek ya da çoksesli, dinsel ya da dindışı olsun, Ortaçağ sonlarındaki ve Rönesans'taki müzik, kürelerin uyumu ve tanrısal düzen gibi temel bir fikrin egemenliğinde kalmıştır. Bu arada, aynı dönemde, her şeyin ilkesi, kökeni ve amacı olarak Tanrı göndergesi, yerini insan göndergesine bırakmak üzere çok yavaşça, usul usul yok olmaya yüz tutar. Ama yazın ve resim hümanist düşünceye uygun anlatım yollarını çabucak bulacak olsa da, müzik aynı ritimde ilerlemez. Bunun iki önemli nedeni vardır: Bir yandan, müziğin *quadrivium* içerisindeki konumu şiire ve görsel sanatlara ayrılan yerle aynı değildir; üstelik bu neredeyse bilimsel konum diğer sanat dallarını etkileyen özgürleştirici hareketin ortaya çıkışını geciktirir. Öte yandan, besteciler birkaç yüzyıl boyunca, hümanizmanın bireyci heveslerini dile getirmeye kolay izin vermeyen zorunluluklar ve yasalarla karşı karşıya kalacaklardır.

Hümanist düşüncenin yükselişinin müzik dilinin evrimini etkilemediği kanısına varabilir miyiz buradan? Kesinlikle hayır, üstelik doğmakta olan hümanizmin farklı müzik türleri üzerindeki etkisi kolaylıkla saptanabilir. XII. yüzyıldan itibaren, Fransa'nın güney ve kuzeyindeki ozanların sanatı*, gizemcilerin sanatı ya da dinsel temalı dramlar biçimini alan müzikal bir tiyatronun gelişimi gibi hem yeni hem de birbirleriyle çelişen yeni sanat akımlarının ortaya çıkışına tanık olunur.

Ortaçağ'da bireyselleşmiş bir sanatın ilk kez dindışı sanatta, "troubadour" adı verilen ozanların sanatında şekillenmeye başlaması anlamlıdır. Poitiers kontu ve Akitanya dükü IX. Guillaume,

* Fransa'nın güney bölgelerinde konuşulan "oc" lehçesinde çalgıları eşliğinde şiirler söyleyen "troubadour" ve kuzey bölgelerinde konuşulan "oil" lehçesinde ürünler veren "trouvère"ler. (ç.n.)

Marcabru ve özellikle de hayranlık uyandırıcı "Uzaktan Aşk" şiirinin yazarı Jaufré Rudel gibi ilk "troubadour"lar dizelerini Latince değil, halk dilinde, "Oc" lehçesinde yazıp seslendireceklerdir. "Troubadour" sanatı, tıpkı "trouvère"lerinki gibi, özellikle saray aşkı söz konusu olduğunda, belirgin bir dinsel esini açığa vurur. Pek çok şiirde, Soylu Kadın'la Bakire Meryem arasında, tanrısal aşkla onu yansıtan insani aşk arasında epey belirgin bir benzerlik sunar. Alegorik boyut Ortaçağ sanatının tamamında varlığını sürdürür!

"Troubadour" ve "trouvère" adlarının kökeninde "trobar/trouver" (bulmak) sözcüğünü buluruz: Bu bulma (bugün olsa *yaratma* diyebilirdik) yetisi Tanrı'nın insana yaratılıştan bir bağışıdır, diye yazar Juan de Baena *Cancionero*'sunun[5] giriş bölümünde. Bu ozanlar Batı'da yaratıcı kimliklerini üstlenmiş ilk sanatçılardır gerçekten de. Kilise müzisyeninin tersine, dindışı besteler yapan ozan-müzisyen anonimlikten kurtulur: Bu ozanlardan kalma 5000 şiirin büyük çoğunluğu imzalıdır. Dahası, ozan birinci kişi ağzından yazar:[6]

"Tolt m'a mon cor e tolt m'a me
Ei si mesteissa e tot lo mon
E cant si'm tolc no'm laisa ren
Mas desirer e cor volon

Her şeyimi aldı benden, yüreğimi
ruhumu, varlığımı ve dünyamı
ve hiçbir şey bırakmadı geriye
doymaz bir arzu ve yürekten başka."

"Troubadour"ların sanatı dinsel sanatın etkisini derinden hissetmiştir, buna karşılık gizemcilerin sanatı dindışı ürünler veren sanatçıların yaşadığı bu yeni bireyselleşme deneyiminden beslenir. Hildegard von Bingen (1098-1179) zamanının en önemli düşün ve sanat figürlerinden biri olarak çıkar karşımıza: Benediktin tarikatındandır, Renanya'daki Rupertsberg Manastırı'nın başrahibesidir, çok önemli

5 Alıntılayan U. Eco, *a.g.y.*

6 *Quan vei l'alauzeta*, Bernard de Ventadour (yak. 1150 - yak. 1180), Çev. Jean Maillard, *Anthologie de chants de troubadours*, Nice, Delrieu & Cie, 1973.

isimlerin danışmanı ve ruhani kılavuzu olmuş ve gizli ilimler üstüne kitaplar, tanrıbilim, hekimlik, fizik üstüne incelemeler ve azizlerin yaşamöykülerini kaleme almıştır, ayrıca *Ordo virtutum* başlıklı bir müzikal dram da aralarında olmak üzere ses için yaklaşık 80 kompozisyon yazmıştır. Hildegard'ın müziği geleneksel Gregoryen ilahileri tarzında yazılmış olsa da belli ki kilise şarkılarının çerçevesinden sıyrılmış, kabına sığmayan bir lirizm ortaya koyar. Bu yapıtların çoğu büyük çaplıdır; seslem ve melismaya dayalı bölümleri art arda dönendirir ve şiirinin ruhani yoğunluğunu yansıtan çok zengin bir vokal dokuyu araştırırlar. Hildegard kendi donanımı sayesinde değil, Tanrı istencinin bir aracı olarak iş gören biri olarak çıkar karşımıza: "Dillendirdiğim sözcükler bir insanın ağzından çıkmıyor; gönül gözüyle gördüm onları ve işittim... Tanrı istediği yere gider, ama dünyevi insanın yükselişine dönüp bakmaz bile. Hep korkuyla dolu içim, titriyorum. Kendi yetilerime güvenmiyorum – rüzgârın tüyü götürdüğü gibi taşısın diye beni, elimi Tanrı'ya uzatıyorum."

İlk bakışta, gizemcilik ve hümanizm karşıt akımlarda yer alıyor gibi görünür. Yine de XII. yüzyılın büyük gizemcilerinin, kendilerine özgü bir biçimde ve açıkça tanrı-merkezci bir çerçevede bir hümanizm biçiminin ortaya çıkışına katkıda bulunup bulunmadıkları sorulabilir. Bernard de Clairvaux'nun yazılarında, öteki ve Tanrı'yla ilişkisi içerisindeki kişi, birey konusunda çok yeni bir bilinçlenme fark etmiyor muyuz? Tanrı-merkezciliğin Rönesans'ın sonunda gerçekleşecek çöküşünden uzaktayız elbette. Ama baştan uca sınıflandırılmış, topluluklara ayrılmış, tanrı-merkezci bir toplumun bünyesinde, birey olarak insanın, Tanrı'yla çok daha kişisel, çok daha bireysel bir bağ kurmaya çalışan bir insanın doğuşuna tanıklık ediyoruz.

Saint Bernard'ın metinleri tutkulu bir lirik akış içerisinde, İsa'yla bağlantıdaki yoğun öznelleşme sürecini gözler önüne serer: "Kim avutacak beni, Efendimiz İsa, seni çarmıha asılmışken, yaralarınla, ölümün solgunluğu içinde göremediğim için, çarmıha gerilmişken sen, ıstırabına ortak olamadığım için, gözyaşlarımla hafifletmek üzere yaralarını, öldüğünde yanında olamadığım için?[7]"

7 *Göğe Yükseliş Üstüne İkinci Vaaz*, Saint Bernard *Mystères de l'amour et de la grâce*, içinde, O.E.I.L., 1985.

Saint Bernard'ın yapıtı Ortaçağ düşüncesine kök salmış olmakla birlikte, şaşırtıcı ölçüde geleceğe dönük bir Hıristiyan hümanizmini gözler önüne serer: "Onun için, duygulanma yetisi tümden yok olmuş "ruhani" bir insana yer açmak üzere insanca duygular başka bir yöne aktarılamaz. Tam tersine, bu derin güçler (duygulanımlar), inançlı insanla Tanrı'nın güvenli ilişkisinde olanca uyumlarına kavuşmak üzere harekete geçirilmeli ve düzene konmalıdır."[8]

Cistercim tarikatına özgü kuralın aşırı katılığına şiddetli bir birey duygusu karşılık gelir. Keşiş olduğunda, birey kişisel özelliklerinden, ait olduğu sınıftan, aile bağlarından, dünyevi âdetlerden kurtulamıyordur zaten, öyle değil mi? Dolayısıyla insanın çok yeni bir yaklaşım doğrultusunda birey olarak tanınması ve elbette Tanrı'nın yok oluşuna değil ama belki bir apaçıklığın yitimine tanıklık eden bir Tanrı arzusu aynı anda gözlemlenir. Bir arada düzenlenen bu iki olgu açıkça ortada olan bir dünyevi hazzı hiçbir biçimde dışlamayan gizemci bir söylem üretir.

XII. yüzyıldan itibaren, bireyin olumlanması yine Tanrı'yı merkez alan, ama giderek insana da yeni bir yer açan bağlamda gelişir. Bu hareketin en anlamlı yapıtı hiç kuşku yok ki Dante'nin *İlahi Komedya*'sıdır. "Troubadour"ların mirasçısı Dante, Ortaçağ düşüncesiyle Rönesans dünyasını birleştirmeyi başarır. Ortaçağ dünyasından Tanrı temelli görüşleri, sayılarla gezegenlere duyulan ilgiyi ve alegori anlayışını alarak, dünyevi saraylı aşkıyla gizemci aşkın kaynaştığı en yoğun noktaya erişir. Ama yerel dil seçimi, uçsuz bucaksız donanımı, Papa'nın gelip geçici erkine yönelik şiddetli eleştirisi, ruhani ve dünyevi erklerin ayrılması için verdiği savaşım, yapıt boyunca kendini gösteren farkındalık, sanatçıya da yapıtına da, esin kaynağı olacakları Rönesans dünyasına bağlanmalarını sağlayan geleceğe dönük bir boyut kazandırır.

Fransa'da, XIV. yüzyılda, öncülerinin *ars nova*[9] diye adlandırdıkları yeni bir müzik akımı ortaya çıkar. Müzik alanına egemen olan isim tartışmasız Guillaume de Machaut'dur, 1300 yılına doğru

8 Lode Van Hecke, *Le désir dans l'expérience religieuse, Relecture de Saint Bernard,* Le Cerf, 1990.

9 *Ars nova*, 1320'ye doğru yazılmış önemli bir müzik incelemesinin başlığıdır, yazarı da olasılıkla Philippe de Vitry'dir.

Champagne'da doğmuş, 1377'de Reims'de ölmüştür. Aynı zamanda büyük bir şair olan bu müzisyen hem dindışı hem de dinsel müzik repertuarında kendini gösterir. Yaşarken Avrupa çapında şöhrete kavuşmuş, aynı zamanda yapıtının büyük kısmı günümüze ulaşmış ilk Batılı bestecidir. Başyapıtı *Messe de Notre-Dame*, her parçası tek bir sanatçı tarafından bestelenmiş ilk ayin müziğidir. Machaut, *Messe*'in beş bölümünü ayrı parçalar gibi değil, tek bir müzikal kompozisyon olarak tasarlar. Dört sesli yazı güçlü, görkemli, törensellikten de payını almış bir etki yaratır; metnin içerdiği heyecanı dile getirmekle uğraşmaz. Yine de *Credo*'da, *"ex Maria Virgine"* sözcükleri, Notre-Dame'a adandığını kesinlercesine uzun ünlülerle vurgulanır.

Jean Bandol atölyesinden çıkma bir minyatür, Guillaume de Machaut'yu kendisine eşlik eden üç evladı Hoş Düşünce, Keyif ve Umut'la çıkagelmiş Aşk'la çalışması bölünmüşken gösterir. Dindışı yapıtları söz konusu olduğundaysa, Machaut son "trouvère" olarak değerlendirilebilir: Tek ses için lay ve virlay'lar, rondo ve baladlar yazar. Çoksesli baladlardaki yüksek sese solo ve süslemeli bir nitelik veren biçemsel yordamın, *cantilena*'nın kullanımıyla birlikte yeni bir lirizm doğar. *Ars nova*'nın Francesco Landini gibi İtalyan müzisyenleri, bu biçemsel yönde yol alacaklardır.

Remède de fortune'de, Machaut hakiki şarkının ve şiirin yürekten gelmesi gerektiğini yazar: "Çünkü her kim ki yapıtına duygu katmayacak, ezgisi de sahte kalacaktır."[10] Duyguların hararetiyle gelen esinin bu şekilde tanınması, rondo gibi son derece yapısal arayışlar sürdürmesini engellemez. "Sonum başlangıcımdır benim ve başlangıcım da sonum." Rondoda tenorun melodisi yüksek sesin geri çekilmesi demektir, kontratenorun melodisinin ikinci yarısıysa ilk kısmın geri duruşuna denk düşer. Machaut'nun ardılları, bu yapısal arayışları *ars subtilior*'da görülmemiş bir karmaşıklık düzeyinde sürdüreceklerdir. Bu yapısal karmaşıklık merakı, ilk

10 407-408. satırlar, *Œuvres* içinde, Paris, ed. Happfner, 1811.

* Fr. *Lai*. XII. yüzyılda ortaya çıkmış bir koşuk biçimi. Bu terim, art arda çok farklı şiir türlerini ifade etmek üzere kullanılmıştır. Ortaçağ'da "şarkı" ve "melodi" anlamında da kullanılır. (ç.n.)

** Fr. *Virelai*. Dörtlük sayısı değişebilen, iki uyaklı koşuk türü. Dizelerden biri aynı zamanda nakarat olarak kullanılır ve her dörtlüğün sonunda yinelenir. (ç.n.)

elde algılanan bir anlatım biçimine çok daha büyük özen gösteren Rönesans'ın kaygılarından çok, Ortaçağ dünyasına özgü ezoterizme bağlanır. Ama Ortaçağ'ın sonunda, müzisyenlerin yolu kesinlikle ressamlarınkinden daha dolambaçlıdır...

Çoksesliliğin Altın Çağı

XV. yüzyılda, resmin ve müziğin ağırlık merkezi Flandra'ya, Burgonya dukalığının topraklarına doğru kayar. Bireyin keşfi Robert Campin, Jan Van Eyck ve Rogier Van der Weyden'in resminde, özellikle de bu sanatçıların portrelerinde kendini gösterir. Çifte bir bireyleştirme süreci yaşanır: Sanatçı bir bireyi, bize yakın herhangi bir insanı, benzersiz bir varlığı resmeder. Ama aynı zamanda, ressamın kendisi birey-özne olmuştur: Tablosunu imzalar, otoportresini yapar, bize modelini göstermekle kalmaz, perspektifini, bakış açısını da paylaşmaya davet eder. Aynı şeyleri müzik için de söyleyebilir miyiz?

1450-1550 yılları arasında, Dufay ve Binchois, Ockeghem ve Obrecht, Isaac ve Josquin des Prés gibi en büyük besteciler Flaman kentlerinden çıkmıştır (o dönemdeki anlamıyla Hollanda, Flaman, Valon ya da Kuzey Fransa kentlerinden), ama Avrupa'nın tamamında, özellikle de İtalya'da etkindirler. Bu müzisyenler çoksesliliği Flaman resmininkiyle karşılaştırılabilecek bir kusursuzluğa taşırlar. Toplumsal konumları kadar önemli bir şöhretleri vardır. Öldükleri zaman saygıyla, birer ağıt biçimini alan kompozisyonlarla anılırlar, Josquin'in bestelediği *Jean Ockeghem'in Ölümüne Ağıt* adlı yapıt, bunun bir örneğidir.[11]

Orman perileri, pınar tanrıçaları
Tüm ulusların usta ozanları
Başka bir ton verin o duru, kibirli seslerinize
Dönüştürün keskin çığlıklara, ağıtlara

11 Edward E. Lowinsky, éd., *The Medici Codex of 1518*, University of Chicago Press, 1968, "Piersson" diye anılan kişi Pierre de La Rue'dür.

Çünkü Atropos, o korkunç zorba,
Düşürdü dostunuz Ockeghem'i tuzağına,
Gerçek bir müzik, bir başyapıt ustasıydı O,
Bilgindi, pek narindi bedeni, iri yarı değildi
Ne acıdır ki toprak saracak onu
Yas giysilerinizi kuşanın:
Josquin, Piersson, Brumel, Compère,
Ve aksın bol bol gözyaşlarınız:
Yitip gitti babanız.
Huzur içinde yatsın. Amin.

Flaman resminin altın çağına çoksesliliğin altın çağı denk düşer. Metnin yapısı müziğin yapısını belirler, çoksesli bir yapıtın farklı sesleri, güçlü bir izleksel tutarlılık sağlayan bir imitasyon yazıyla (aynı motif farklı sesler tarafından art arda yinelenir) bir araya getirilir. Ockeghem'in müziği genç Van Eyck'ın resmi için kusursuz bir doğrulamadır: Farklı sesler öyle olağanüstü yoğunlukta çoksesli bir doku oluşturur ki her melodik satırın güzergâhını izlemek zorlaşır. *Agneau Mystique*'te (Kutsal Kuzu) her ayrıntı sözün bütünlüğüne kusursuzca yerleştirilmiştir; her nesne, her kişi bütünün anlamına katkıda bulunur. Ockeghem'in ayin müzikleri, motetleri* ve şarkıları aynı şekilde düzenlenmiş bir evreni, kusursuzluğa ulaşan bir sanatı duyumsamamızı sağlar.

Josquin des Prés, olasılıkla ustası olmuş Ockeghem'in müzikal tekniklerini miras alır ama daha bireyselleşmiş bir anlatıma yönelir. Sözcüklerin anlaşılmasına daha da büyük bir özen gösterilir, müzik metnin anlamına daha da çok yer bırakır. Belli bir ritmik yalınlaştırma çıkar ortaya ve teksesli dokuların oluşumuna dek uzanır: *Pange lingua* adlı ayinin *Credo*'sunda, Josquin tüm sesleri *"Et incarnatus est"* ayetinin her hecesini vurgulayan bir akor dizisi olarak bir araya getirirken, aynı şekilde *"Crucifixus"*'un kasvetli rengi ve *"Et ressurrexit tertia die"*'nin canlılığı arasında etkileyici bir müzikal karşıtlık yaratır.

* XIII. yüzyılda ortaya çıkan, bir ya da birden fazla ses için, enstrüman eşliğinde ya da enstrümansız söylenen, genelde dinsel içerikli, kısa ve Latince bir metin üzerine bestelenmiş müzikal kompozisyon. (ç.n.)

Müzikal yazıda kusursuzluğa ulaşma duygusu yaygınlaşır. *Dodecachordon* (1547) başlıklı incelemesinde, Erasmus'un dostu Henricus Glareanus, Josquin'i model alır. Onun yapıtından çeşitli temel kuramsal yasalar çıkararak *ars perfecta* kavramını ortaya atar: "Josquin'in yapıtı kusursuz Sanattır, ona hiçbir şey eklenemeyeceği gibi, sonrasında da çöküşten başka şey görülemez."

Bugün, Josquin'in yazıdaki ustalığı, çoksesli dokudan yayılan o üstün tutarlılık, uyumlu duraklama havası, asla kırılmayacak gibi duran o sonsuz ses düzeni karşısında büyüleniriz. Bu müzik güzelliğiyle nüfuz eder içimize, seyre davet eder bizi ama "konuşmaz".

Söz konusu seyir deneyimi, Tzvetan Todorov'un açıkladığı üzere, Van Eyck'ın resmiyle bağlantısız değildir: "Van Eyck'ın 1432'den sonraki tablolarında kesinlikle devinimsiz bir dünyanın gösterimi keşfedilir. [...] Dünyanın bu devinimsizliği ressamın kendi bakışının bile dönüşümüne yol açar. Algı yerini seyre bırakmış ve imge en tepeye yerleşmiştir, gösterdiği şeye üstün gelir. Görmek ve nesnelerle kişileri bize göstermek yerine, Van Eyck her türlü görüşü aşmamıza, imge olmuş o dünyanın karşısında donup kalmamıza yol açar. Devinimsiz doğa, gösterimde mutlak sadakata olanak tanır; devinimsiz bakış ona yaslanır ve aynı anda gösterimi arkasında bırakır, bize de aynı edilgin ve dingin seyir halini aşılar."[12]

Van Eyck'ın resmi ya da büyük çoksesli yapıt bestecilerinin müziği karşısındaki bu seyir duygusu nereden gelir? Dünyanın hızlı evrimi, büyük keşifler, değerlerin altüst oluşunun hissedilmesi karşısında bir içe kapanma tepkisine mi bağlıdır? Zamanı ve tarihi durdurmak için son bir girişime mi tanıklık ederiz? Bu sanat Ortaçağ'a özgü dünya anlayışını olduğu kadar Rönesans düşüncesini de kaynak almış gibidir.

Tarihsel olaylar ve estetik dönüşümler açısından bir yığılmaya sahne olan XVI. yüzyılda, hümanist ülküler daha bir kendini gösterecektir. Reform ve Karşı Reform dinsel müziği derinden etkileyecek, her ikisi de farklı yollardan söylenen metnin daha iyi anlaşılmasına katkıda bulunacaktır. 1565 yılına doğru, Flaman müzisyen Samuel Quickelberg bestecilerin uğraşması gereken şeyleri şu ifa-

12 Tzvetan Todorov, *Eloge de l'individu. Essai sur la peinture flamande de la Renaissance*, *a.g.y.*

delerle anlatır: "Müziği anlamla bağdaştırmak, her duygulanımın gücünü dile getirmek, nesneyi gözlerimizin önündeymişçesine betimlemek..." Gezgin tiyatro topluluğunun oyuncuları karşısındaki Hamlet'in tiradından uzak değiliz bu noktada: "Oyunu söze göre ayarlayın, sözü oyuna göre, ama şuna dikkat edin: Doğanın ölçüsünü asla aşmayın..."

Müzikte Rönesans'ın Ortasında Madrigal

Hümanizmin Avrupa'nın tamamında kendini dayattığı bir dönemde, bu akımın en belirgin etkisini dindışı müzikte görebiliriz. Bir süre madrigal üzerinde duralım, çünkü Rönesans'ın tüm müzikal biçimleri arasında hümanist etkileri en yetkin biçimde içine alacak ve operanın yükselişini hazırlayacak olan madrigaldir, aynı hamleyle İtalya'yı da müzik alanında Avrupa uluslarının birinci sırasına yerleştirir.

Madrigalin kökeninde yazınsal bir olay da yer alır: Petrarca'nın şiirinin keşfedilmesi. Şair ve eleştirmen Pietro Bembo, 1501 yılında onun *Canzoniere*'sini yayımlayarak bir metin müziği, bir dize ritmi, sözcüklere ve hecelere bağlanan renkleri, kısacası bestecilere esin verebilecek bir dil müziği keşfeder. Petrarca'nın yapıtında birbirine karşıt iki nitelik belirler: *Piacevolezza* (çekicilik) ve *gravità* (sertlik). Bu iki temel kategoriden türemiş bir dizi nitelik çıkar ortaya: Zarafet, tatlılık, çekicilik, albeni, ve bir yandan da ağırbaşlılık, alçakgönüllülük, yücelik, görkem...

İlk madrigallerin bestecilerinden çoğu metinlerini seçerken Petrarca'ya dönerler hep. Sonrasında Ariosto ve Tasso gibi şairlerin yapıtlarına başvuracaklardır. Böylelikle İtalya'nın tamamına yayılmış halk müziği türü *frottola*'ya bağlı kaynaktan daha üstün ve daha soylu, yazınsal bir esin kaynağı bulmuş olurlar; bu büyük şairlerin dile getirdiği imgeleri, duyguları ve tutkuları müziğe aktarmaya verebileceklerdir kendilerini artık.

İtalya'da çalışan Flaman müzisyen Cipriano de Rore madrigal hareketinin büyük öncülerinden biridir. Madrigalleri o dönemde olageldiği üzere çokseslidir, ama çokseslilik daha saydam, daha esnek, daha retoriktir. Çoksesli doku incelikle imitasyon yazıdan teksesliliğe geçer, her heceye bağlanan notalar şiirsel metnin vurgularına göre uzar ya da kısalır. Metin açık seçiklik, kavranabilirlik kazanır ve müzik onun anlamını boğmak yerine konuşma dilinin doğal renklerine devamlılık kazandırır, sözcük yinelemeleriyle ve şiirsel imgeleri "simgeleyen" melodik çizimlerle heyecanı artırır.

XVI. yüzyılın neredeyse tüm büyük müzisyenleri madrigal derlemeleri yayımlarlar: Flamanlardan Adriaan Willaert, Roland de Lassus, Philippe de Monte, Giaches de Wert, ayrıca İtalyanlardan Luca Marenzio, Luzzasco Luzzaschi, Venosa prensi karanlık Carlo Gesualdo. Gesualdo içlerinde en radikal, en maniyerist olanıdır, özellikle de uç sınırlarına götürdüğü kromatizm kullanımı söz konusu olduğunda. Gesualdo'nun yapıtına derinden nüfuz eden şu bakışı Roger Tellart'a borçluyuz: "Birçok yerde barok sarhoşluğunu muştulamakla birlikte Rönesans'ın çoksesli ilkelerine bağlanmış olan Gesualdo, müzik yaşamının başlangıcında büyüleyici bir modern figürdür, köktenci bir *a cappella* sesliliğin tuzağındadır, zamanın üretimine bütünüyle ters düşen soğuk bir delirme ikliminde, yırtılmış, patlamış, bozunuma uğramış armoni aslında çığlığı, şehevi heyecanı, gizemci sorgulara açılan iç bakışı işleyen temel bir anlatım aracına dönüşmüştür. Kimileri bu kutsal sarhoşlukta Greco'nun hayaletlerinin, hortlayan ruhlarının sesli ifadelerle verilmiş eşdeğerini bulurlar. Kaldı ki sanatçı benzersiz olanı hedeflerken anlaşılmazdır yine: İşin doğrusu, bu yazı oyunu korkunç bir varoluşsal sıkıntıyı gizleyen bir maskeden başka şey değildir.[13]

Monteverdi'nin İlk Madrigalleri

Genç Claudio Monteverdi müzik kariyerine birçok madrigal kitabını yayımlayarak adım atar. Yaşamı boyunca madrigaller yazmayı sürdürecek, yaşarken, 1587'den 1638 yılına kadar en az sekiz ki-

13 Roger Tellart, *Claudio Monteverdi*, Fayard, 1997.

tabı yayına hazırlayacaktır. Kendisinden önceki gelenekten asla bütünüyle kopmadan, barok çağına girmek için madrigale dayanarak türe kesin bir evrim kazandırır.

Monteverdi ilk madrigallerinden itibaren, Gesualdo kadar aşırı görünmeden, son derece ustalıklı bir yazı tekniği koyar ortaya, metne büyük özen gösterir, keskin bir anlatım ve aydınlık-karanlık duygusu, aynı zamanda müzikal motifleri sıkı sıkıya melodik olmaktan çıkarıp tumturaklı bir yöne götürme eğilimi vardır.

İlk Floransa operalarından kuşkusuz haberdar olan Monteverdi, bu alana hemen girmez. Ama 1600 yılında Bolonyalı bir piskoposluk kurulu üyesinin, Giovannni Maria Artusi'nin saldırılarına maruz kalacaktır; *Artusi overo dele imperfettioni della moderna musica* adıyla yayımlanan bir diyalog-metinde, Artusi onun kimi madrigallerini hedef alır. Zarlino'nun 1558 tarihli *Le istitutioni harmoniche*'sinde derlediği Rönesans ustaları öğretisine karşıt oldukları için, kendisine göre asla kabul edilemeyecek yazı serbestlikleri ve kuralsızlıklarını eleştirir. Üslubu serttir: "Açıkçası, bu kompozisyonlar müzik sanatında güzel ve iyi olan her şeyin karşısında; işitme duyusu kaldıramaz bunları, onu cezbetmek yerine yaralıyorlar çünkü. Ölçüye ve müziğin amacına ilişkin kabul görmüş ilkeleri hiçe sayıyor besteci. Bir müzisyenin küçücük çocukların bile ilk bakışta fark edeceği hataları nasıl yapabildiğini anlamıyorum."

Monteverdi 1605 yılında, madrigallerinin *Beşinci Kitabı*'na önsöz olarak "ciddi okurlar için" yazdığı kısa notta bu eleştiriye karşılık verir. *Seconda prattica* diye adlandırdığı şeye ilk kez gönderme yaparak daha eksiksiz bir yanıtın habercisi olur. Ancak bu yanıt, iki yıl sonra, kardeşi Giulio Cesare'nin kaleminden, Claudio'nun "ciddi okurlar için" notunun ayrıntılı bir yorumu olarak gelecektir:

"Karşı çıkan kişi aslında modern müziğin karşısında durup eskisini savunduğunu sanıyor; şöyle ki biri ötekinden farklı gerçekten de (uyumlu ve uyumsuz sesleri kullanma biçiminde, ki kardeşim de bunu gösterecektir) [...]. [Kardeşim] ilkini armoni kusursuzluğunu amaçlayan bir uygulama olarak alıyor, bir başka deyişle burada armoniye egemen olunmuyor, egemen olan armoni, söylemin kölesi değil efendisi. [...] İkincisindense, [...] melodinin kusursuzluğunu amaçlayan uygulamayı anlıyor, bir başka deyişle armoniye egemen olunduğunu ama onun egemen olmadığını, söylemin armoninin efendisi olduğunu."[14]

Adlarıyla verdiği ilk uygulamacıların mirasından hiçbir şeyi yadsımayan bu metin Monteverdi'nin öncelikli çabasını açık eder: Ritmi ve armoniyi söyleme göre eklemlemek. Biraz daha ileride şunları belirtir: "Konuşma biçimi ve söylemin kendisi ruh hoşluğunun peşinden gitmek zorunda değil midir?"

Seconda prattica'nın kavramsallaştırılması Monteverdi'nin gerçekleşmekte olan kopuşun ne kadar bilincinde olduğunu gösterir. Bundan böyle müziğin dile getirdiği şey evrenin düzeni, tanrı ve sonsuzluk duygusu, kendi içinde dönen bir dünya imgesi değildir: Şimdi burada olan sözcükler, bir erkeğin ya da kadının duyguları, kişilerle şiirselleşen ya da dramlaşan durumlardır. Müzik yansıma ve benzeme olarak algılanmıyordur artık, söylemdir, gösterimdir, heyecanın anlatımıdır.

Artusi'yle girişilen tartışma Monteverdi'yi çok derinden etkilemiş gibidir, ama onu bu yepyeni yolda korkusuzca ilerlemekten alıkoymamalıdır: 1607 yılında, opera tarihinin ilk başyapıtı *Orfeo*'yu yazar. Bundan daha sert bir yanıt düşünülebilir mi?

Orfeo, *ya da "Müzikte Konuşmanın" Zaferi*

Yaklaşık otuz yıldır, İtalyan hümanistler, yazarlar ve müzisyenler "müzikte konuşma"nın yolunu aramaktadır. Monteverdi denemeleri ve deneyleri bir adımda geride bırakır, solo sese bireyin heyecanını dile getirme, müziğe tiyatroya dönüşme olanağı tanıyacak olan parıltılı yaratıcı enerjileri serbest bırakır. "*Favellar in musica*"da, "ben"in müzikal anlatımı üstünde yoğunlaşan Monteverdi, bireyi yeni müzikal dünyanın merkezine yerleştirir: Besteci olarak kişisel görüşünü dile getirmenin yolunu bulur, soliste heyecanını ve insani durumunu dile getirme olanağı tanır, dinleyiciyi kendini müzik

14 *Claudio Monteverdi, Correspondance, préfaces, épîtres dédicatoires*, çev. Annonciade Russo, Sprimont, Mardaga, 2001.

yapıtında bulmaya, kendi aklı ve duyarlılığı aracılığıyla ona katkıda bulunmaya davet eder.

Orpheus'u seçmesi belli ki bir rastlantı değildir. Floransalı filozof, birçok hümanist sanatçı kuşağını derinden etkilemiş önemli bir yeni-Platoncu kuramın yazarı Marsile Ficin'e göre, "aşkın her şeyin anahtarı olduğunu Orpheus'la öğreniriz."[15] Rönesans insanının hevesleri ve değerlerini hangi kahraman onun kadar iyi somutlaştırabilir ki? Şarkının heyecanını hangi söylensel figür onun kadar iyi taşıyabilir? Orpheus ölüler krallığına girme yasağına şarkıyla meydan okur, Kharon'u ve saraydaki izleyicileri şarkısıyla büyüler, gösteri boyunca müziğin konumu ve gücü ortaya konur.

Zaten operanın giriş bölümünün anlamı da budur, kişileştirilmiş *Musica* seslerin gücünü betimler ve Orpheus'un kahramanlıklarını sıralar: "Ben Müziğim, ve tatlı seslerimle sıkıntılı yürekleri yatıştırmayı, ve buz tutmuş ruhları aşkla ya da soylu öfkelerle tutuşturmayı beceririm..." İlk perdede pastoral bir hava içerisinde çoban ve nemfa koroları araya girer: Koro sevinçle Orpheus ile Eurydike'nin pek yakında gerçekleşecek düğünlerini kutlar. Yaklaşmakta olan dramı haber veren hiçbir şey yoktur, Orpheus'un ilk kez söz aldığı metinde bile kesinlikle yoktur, Apollon'a bir yakarı gibidir sözleri: "Göklerin gülü, yaşam kaynağı, evrenin efendisinin soylu torunu, Güneş, her şeyi sarmalayan ve gözleyen, söyle bana, parıltılı gözlerinle gördün mü hiç, benim kadar mutlu ve bahtlı bir âşık?" Ancak müzik metinden daha inceliklidir: Arya *sol* minörde yazılmıştır ("sol" aynı zamanda "soleil" (güneş) demektir ve Apollon'a tüm seslenişler *sol* tonalitesinde olacaktır), ama şarkıyı simgesel olarak güneşe doğru götürecek çıkışlı bir satır izlemek yerine, Orpheus'un cümlesi inişlidir. Böylelikle Monteverdi, Orpheus'un gizli dileğinin Güneş/Apollon'un varlığı değil, sevgilisine kavuşmasını sağlayacak olan ölümü olduğu fikrini vermez mi? Bundan böyle, Orpheus'un şarkısı Apollon'a görünürdeki bu yakarışın ardında, bu tanrısal figüre olduğu kadar fiziksel aşkı ancak tanrısal aşka götüren bir yol olarak kabul edebilen Platoncu ülküye de bir "meydan okuma" gibi çınlar.

15 Alıntılayan Philippe Beaussant, *Le chant d'Orphée selon Monteverdi*, Fayard, 2002.

İkinci perde de korkunç haberi getiren Ulak'ın gelişiyle hoyratça bölünen masalsı bir havada başlar: "Ah! Kara talih! Uğursuz, acımasız yazgı! Adaletsiz yıldızlar! Hasis gökyüzü!" Onun bu umutsuz ilenmelerinin anlamını Orpheus ve yanındakiler hemen çözemez; bunun üzerine Ulak'ın metni başlar, opera tarihi boyunca işitilmiş en dokunaklı metinlerden biridir bu. Eurydike'nin ölüm haberi alışılageldik her türlü mantığın dışında kalan sert armonik buluşmalarla beslenen, kaba hatlı hecesel bir şarkıda verilir. Burada melodik satırın ve armoninin gidişatını açıkça sözcüklerin anlamı belirlemektedir. Orpheus, umutsuzluğunun şarkısını söylerken, Rönesans şairlerine özgü karşıt imgeler kullanarak karşılık verir: "Öldün sen, hayatım benim, ve ben nefes alıyorum, öyle mi? Sonsuza dek bırakıp gittin beni, ve ben kalacağım burada, öyle mi?"

Üçüncü perde hem biçimsel hem de dramatik düzlemde operanın merkezidir. Dante'nin *Cehennem*'inden anıştırmalar ve alıntılarla doludur. Orpheus, yanında Speranza'yla (Umut) birlikte Kharon'un muhafızlık ettiği Cehennem'in giriş kapısına gelir ve kayaya kazınmış yazıyı fark eder: *"Lasciate ogni speranza, voi ch'entrate"* (İçeri girenler, tüm umudunuzu arkada bırakın). Kharon "hiçbir ölümlünün bu dalgalarda yol alamayacağını, yaşayan hiç kimsenin ölülerle kalamayacağını" anımsatır ona. Bunun üzerine Orpheus Kharon'u kandırmaya çalışır, tüm ikna gücünü de partisyonun en zengin aryasında, yine *sol* minör yazılmış ünlü *"Possente spirito"*da sergiler. Orpheus'un sesine *organa di legno* ve *chitarrone*'nin o hoş titreşimleri eşlik eder; Monteverdi burada en ustalıklı ve anlatım açısından en zengin şan tekniklerine başvurur, her dörtlük heyecan ve vokal sarhoşluk basamaklarını bir derece daha ağırlaştırır. Fred Van der Kooij[16], Monteverdi'nin ve libretto yazarının olanca inceliğini bu parçada göstermiştir: Son kuplesini, *"Sol tu, nobile Dio, puoi darmi alta"*yı (Bir tek sen, soylu tanrı, yardımıma koşabilirsin) söylerken, Orpheus "tanrılaştırarak" göklere çıkardığı Kharon'a seslenir. Yine de, *Sol* çifte anlamıyla alınabilir çünkü aynı zamanda güneşi, bir başka deyişle müdahalesi zorunlu görünen Apollon'u ifade etmektedir. Aryanın sonunda, Kha-

16 *L'Orfeo ou l'impuissance de la musique*, La Monnaie programında yer alan özgün metin, 1998.

ron ikna olmayınca, Orpheus neredeyse umutsuz bir yalvarmayla son bulan en hararetli girişini yapar: *"Rendetemi il mio ben, tartari Numi!"* (Benim olanı geri verin bana, Cehennem tanrıları!) Her türlü beklentinin tersine, belki de Apollon'un müdahalesiyle Kharon'un uyukladığını fark eder. Bunun üzerine kendinden emin, fatih, tanrıların kurallarına meydan okuyacak kadar gözü pek Rönesans insanı gibi davranır. Kharon'un kayığını alıp yasağa karşı gelerek nehri aşar.[17]

Dördüncü perde baştan sona, Ruhlar korosunun madrigallere özgü sesleriyle vurgulanan karanlık ve kasvetli cehennem ortamında geçer. Eurydike'yi yaşama döndürebilmek için yeni bir tanrı müdahalesi zorunlu görünmektedir: Kocası Pluton'un yanı başında insanlara el uzatan Proserpina olacaktır bu. Yardım etmeyi kabul eder ama tek koşulla: "Orpheus sevgili Eurydike'sine kavuştuğunda, cehennem karanlıklarını terk etmeden önce asla dönüp bakmayacaktır ona, çünkü tek bir bakış sevdiğini sonsuza dek yitirmesine yol açabilir." Devamını biliyoruz: "Orpheus'un bakışları karşısında bir daha geri gelmemek üzere götürülen Eurydike'nin yakınmasından daha dokunaklı bir şey olabilir mi, yoğunluğu ve kısalığıyla çarpıcı bir melodik satır gelir: "Ah, o ne tatlı, o ne acı bir görüntü! Çok sevdiğin için yitiriyorsun böyle beni." Ruhlar korosu insan erdemine muğlak bir saygı duruşuyla perdeyi kapatır: "Cehennemi alt ettikten sonra, Orpheus yenik düştü tutkusuna. Kendini alt etmesini bilen, layık olsun sonsuz utkuya."

17 Bu Orpheus figürü akla ister istemez Rubens'in 1605 tarihinde, *Orfeo*'nun bestelenmesinden hemen önce yaptığı portreyi getiriyor; *Teslis'e Tapınan Gonzaga Ailesi* adlı tablodaki Vincenzo Gonzaga portresidir bu: Kompozisyonun tamamına bakıldığında (günümüze biraz yıpranmış bir halde ulaştığı doğrudur) her şey biraz kuralına uygun gibidir, ancak dükün çehresinden okunan kişilik, o kendinden emin duruş, ellerin konumunda bile göze çarpan o egemen üstünlük, tapınma duygusunun bile pek sıradan gözükmeyen bir egonun ışıltısıyla hafifletilmiş göründüğü o yukarıdan bakış, seyredaldığı Tanrı'nın yeryüzündeki temsilcisi olmanın bilinci çarpıcıdır. Flaman primitiflerinin tablolarında, bağışçının kim olduğu hemen saptanabilir, betimlenen konunun hemen altında ya da yanında bir yer ayrılmıştır kendisine. Baş kişilere *bakışı* Sanat yapıtının konusunu oluşturur hatta: Merkezdeki sahneye bakarken, onu gözlerken, ona katılırken betimlenir. Müzik yapıtında sipariş veren kişinin konumu bu kadar açık değildir; yapıtın doğuşundaki işlevi, kompozisyona doğrudan ya da içkin etkisi, öneminin yapıtın anlamına yansıttığı aydınlık, yapıtın "ilk dinleyicisi" ya da alıcısı olarak konumu yadsınamaz yine de. Vincenzo Gonzaga'nın *Orfeo*'nun yükselişine göre konumu olanca karmaşıklığı içerisinde budur işte, Orpheus'un hakiki ikizi, öyle ki hangisinin ötekinin yansıması olduğu bile bilinmiyordur artık.

Beşinci perdede yeryüzüne dönülür. Dram sona ermiştir, son bölüm kalır geriye, o da muğlaklıktan payını almıştır: Metnin ilk değişkesi trajik bir sonla biter, Orpheus alınıp götürülür ve kudurmuş Bakhalar tarafından parça parça edilir. Bu son, Prens'i, Kilise yetkelerini ya da ilk izleyicileri hoşnutsuz bırakmış olabilir mi? Öyle ya da böyle, gözden geçirilmiş partisyonda bütünüyle farklı, o güne dek egemen olmuş yeni-Platoncu anlayıştansa Savurgan Evlat meseline daha yakın bir son vardır: Apollon sahneye iner ve Orpheus'u yanına, gökyüzüne davet eder. Opera tarihinin ilk düosunda iki ses birleşir. Koroya bırakılan sonuç bölümü belirgin bir biçimde Hıristiyan esinlidir: "Cehennemi bu dünyada yaşayan Tanrıların bağışına kavuşur; ve ıstırap eken kişi her türlü bağışın meyvesini toplar."

Orfeo'nun yaratılışından dört yüzyıl sonra bugün hâlâ etkileyici olansa, her bölümün anlatımındaki müziğin gücüdür, dramatik oluşumdaki işlevidir: Karşıtlıklardan ve simetrik mimarilerden hayranlık uyandırıcı büyük bir yapı oluşturur müzik, her bölüme egemen olan heyecanlar ve duyguları fark edilir biçimde görkemli kılar, ama aynı anda kimi zaman konuya yabancı olanların nüfuz edemeyeceği kapalı bir yananlamla, kimi zaman ses tonunda bir değişiklik ya da anlamı derinleştiren enstrümantal bir renkle metne kontrpuan yaparak işler, metnin yüzeyini aşarak arada onunla çelişir.

Bir öteki büyük yenilikse, şarkıcı-oyuncunun "ben"i üzerinde yükselen bireyselliktir. Antik çokseslilikten kopan *recitar cantando* o güne dek görülmemiş yaratıcı güçleri serbest bırakarak yeni ufuklar açmıştır. Besteciye heyecanını, görüşünü, duyarlılığını Batı müziğinde daha önce görülmemiş bir biçimde dile getirme olanağı tanır. Aynı zamanda, dinleyiciyi yapıtta, partisyonda, icrada, gösterimde öznelliğinin olanca zenginliğiyle kendini bulmaya davet eder. Kısacası, *yorum*'un serüveni başlamaktadır: Yapıtın bize söyledikleri, bestecinin yapıt üzerinden söyledikleri, yorumcuların görüşü üzerinden sorgularız kendimizi, sonuçta kendi sorularımızı, kaygılarımızı, değerlerimizi yansıtırız ona.

Birçok yorumcu *Orfeo*'yu müziğin zaferi olarak, kimileri de bu sanatın düşkünlüğü olarak değerlendirmiştir. Monteverdi'nin konumu tam olarak nasıldır peki? İnsana inancını açıkça dile getirmek mi istemiştir, yoksa onun çılgınlığını, küstahlığını betimlemek mi? Bireysel özgürlüğe övgüyü mü önerir, yoksa tanrıların kaprislerinin kurbanı olarak mı gösterir insanı? Yapıt "çoktanrılı" bir dünya görüşünü mü yansıtır, yoksa temelde Hıristiyan bir yaklaşımı korur mu? Monteverdi ve Striggio bir son belirlemekten kaçınmış gibidirler, soruları açık bırakırlar, bizi kendi yanıtlarımızı getirmeye, devinim halindeki yapıtın anlamını korumaya davet ederler.

Son İki Madrigal Kitabı

Orfeo'nun, bir yıl sonrasında da *Arianna*'nın yaratılışı Monteverdi'yi madrigalden uzaklaştırmayacaktır. 1614 yılında, altıncı, beş yıl sonra da yedinci bir kitap yayımlanır. Bu sonuncusu, başka birçok parçayla birlikte o altüst edici *Lettera amorosa* sayfasını içerir. Burada gerçek bir müzikal portre söz konusudur, tutku dolu bir ilişkinin, sevilen kişinin yokluğunda beklenti ve arzuyla gerginleşen bir durumun portresi. Şair Achillini'nin metni, "Ertelenen düğününden dolayı sabırsızlanarak bu mektubu çok güzel sevgilisine yazan bir Şövalye"den söz eder. Yapıtın tam başlığı tasarının kendine özgülüğünü belirler: *"Se i languidi miei sguardi, Lettera amorosa a voce sola in genere rappresentativo e si canta senza battuta."*

Aşk mektubu temsili bir niyetle, tek sesten söylenir. Bu durumda Monteverdi "temsili tür"den neyi anlamaktadır? Yapıtın kısalığından dolayı da olsa, geleneksel bir sahneleme yok gibidir. Dolayısıyla buradaki "temsil"i daha soyut bir anlama taşımak gerekir, hayali bir sahne gibi, son derece mahrem bir an gibi, sevgilisine yazan genç adam ya da alçak sesle kendisine yazılmış mektubu okuyan sevgili. Bu arada Monteverdi'nin uzamsal bir kurgu oluşturma fikrinde olabileceğini de göz ardı edemeyiz, dramatik durumu görselleştirme olanağı tanıyan yalın bir davranış işi. Şarkıyı ölçünün katılığından sıyırmayı salık veren işarete gelince, şarkıcıyı tam olarak kendini olabildiğince özgür bir biçimde ortaya koymaya ve en doğru anlatımı bulmaya davet eder: Bu bir anlık yoğunluk, kafa karıştırıcı bu mahremiyet içerisinde hiçbir zorunluluk kalmamıştır.

Neredeyse sinematografik bir durumdur bu, okumaya dalmış genç kadını ansızın yakalayan bir yakın plan gibi. Giriş niyetine hiçbir şey yoktur: İlk sözcükler klavsenle çalınan ters dönmüş bir akorda asılı kalmışçasına oradadır zaten. İlk sözcükler bize ulaşmadan önce genç kızın mektubu okumaya başlamadığını kim söyleyebilir ki zaten? Başlangıç neredeyse fısıldanabilir:

"Se i languidi miei sguardi
se i sospir interrotti
se le tronche parole
non han sin hor potuto o bel idolo moi
farvi de le mie fiamme intera fede:
leggete queste note,
credete a questa carta,
in cui sotto forma d'inchiostro
il cor stillai...

Benim ölgün bakışlarım
benim kesintili nefesim
benim kopuk kopuk sözlerim
beceremediyseler bugüne dek, ey güzel tanrıçam,
alevlerimi katıksız sadakata dönüştürmeyi,
bu sözleri okuyun o zaman,
bu mektuba inanın
çünkü mürekkebin altında
yüreğim damıtılmakta."

Ses ortalama bir tınıda söyler şarkıyı, konuşurkenki tınıya yakındır, tıpkı sözcüklerin akışının konuşmaya yakın durduğu gibi. İlk cümle bir notanın, *si*'nin etrafında söylenir, ve tizleşmeye doğru ilk değişim *"o bel idolo mio"*da gerçekleşir. Melodi daha sonra beşinci bir aralığa iner, kalın *mi*'nin etrafında döner ve derece derece "yürek" sözcüğünü sarmalayan zengin anlatımlı uzun bir ağızlamaya (vokaliz)* açılır, ardından *la* kadansında sona erer.

Teknik olanakların düzenlenişi kafa karıştırıcıdır: Bir enstrümanın, klavsenin, teorbanın ya da başka başka *continuo* enstrümanlarının eşlik ettiği tek bir ses, merkezi bir notanın etrafında çoğunlukla bir resitatife** ulaşan melodik bir satır, birkaç ünlem, duraklar (*"A voi mi volgo o chiome - /- Cari miei lacci d'oro"*), "bel canto"ya karşı bir duruş, anahtar sözcükler üzerinde ender birkaç ses değişimi: *"il foco mio"*, *"o miracolo eterno d'amoroso desio"*. Son sözlerde (*"per sentiere di neve a un cor di foco"*), bir süsleme denemesi, neredeyse bir titreşim sezilir. Müzik şiirin içinde eriyip gider...

1638 yılında, gelenekle avangardın görkemli sentezi olarak *Savaşçı ve Âşık Madrigaller*'in sekizinci kitabı yayımlanır, çok dokunaklı *lamento della Ninfa* da aralarında olmak üzere, Monteverdi'nin o güne dek yazdığı en güzel sayfalardan bazılarını içerir. Monteverdi bu kitabı çok önemli bir önsözle sunar, Platon ve Boetius'un da adlarını anarak, öfke ve hiddeti çağrıştıran müzikal bir sarsıntıyla gerçekleştirdiği savaşçı türünü, *concitato*'yu keşfedişini Platon ve Boetius'un adlarını da anarken açıkladığı gerçek bir "manifesto"dur bu. Söz konusu yeni biçem, diye açıklar, kendisinden önce uygulanan iki müzik türünü, *molle*'yi (alçakgönüllülük, yakarma, aşk tutkusu) ve *temperato*'yu (ılımlılık, dinginlik) tamamlar. "Concitato"yu en iyi örneklendiren yapıt, 1624 yılında, Venedik'te, Tasso'nun *Kurtulmuş Kudüs*'ünün sözleri için bestelenen ünlü *Tancredi ve Clorinda'nın Savaşı*'dır. Bu madrigal, olağanüstü dramatik yoğunluğuyla gerçek bir minyatür operadır aslında, altı çalgıcının eşlik ettiği üç şarkıcı, Clorinda, Tancredi ve anlatıcı için yazılmıştır.

Öykü kısa, etkili, dramatiktir: Hıristiyan şövalye Tancredi, Müslüman Clorinda'ya gönlünü kaptırır. Kız Haçlıların bir savunma kulesini ateşe verir. Onu tanıyamayan Tancredi peşine düşer ve tuhaf bir çarpışmaya girişir. Clorinda üç seferde de düşmanının çemberinden kurtulur; ama şafaktan biraz önce, kız güçten düşe-

* Bir tek hece üzerinde, nota adlarını kullanmaksızın yürütülen ses temrini. (ç.n.)

** Bir opera, oratoryo ya da kantatın konuşma biçiminde sunulan bölümü. (ç.n.)

rek ölümcül bir darbe alır ("o güzel sinede, kılıç akıp giden kanı içiyor"). Yenik düşünce Tancredi'den kendisini vaftiz etmesini ister. O da zırh başlığını çıkarınca kızı tanır, "ne sesi çıkar ne soluğu". Gökyüzü ölüyü karşılamak üzere açılır.

Yapıt başkalarına benzemez. Ne madrigaldir ne opera, iki türe de ait gibidir. Yirmi dakikalık bir zaman diliminde, Monteverdi arzuyu, çarpışmayı, dinlerin karşıtlığını, insanın af dilemesini, Tanrı'nın bağışlayıcılığını ve kurtuluşu sahnelemeyi başarır. Dindışı ve dinsel göstergelerin bolluğuyla, aşk ve savaş çarpışmalarının muğlaklığıyla ("savaşçı üç kez sarıp sarmalar genç kadını, amansız düşmanın çemberidir bu, âşığın değil"), soluk alıp vermelerinin kesintili ritmiyle, bitkin düşmeleriyle, ateşlenmeleriyle, "güzel göğse saplanan" bıçak, "hayat veren" su imgeleriyle yaratılmış canlı bir erotik renk üzerinde savaş ve aşk iç içe geçer. Yapıtın alt katmanındaki çelişkilerin burgacı aşk ve ölüm göstergelerinin karışıklığıyla çözülür, bozgunu getiren zafer, yaşam sönerken gelen bağışlama... Son bir gayretle, *"e in atto di morir lieto e vivace"*, Clorinda, Monteverdi'nin yükselen bir majör üçlü aralığın aydınlığına taşıdığı, sonrasında tonik bir notaya düşürdüğü melodiyle son sözlerini söyler: *"S'apre il cielo; io vado in pace."* Tanrı'nın lütfuyla gelen ışığın zaferi midir bu, yoksa yapıt boyunca çağrılan gecenin üstün gelişi mi? *Combattimento* kesin bir sonuca gelip dayanarak sona ermese de, parçalanmış inancın ardındaki kaosu, boşluğun uçurumunu sezdirmekten de geri kalmaz, böylece müzikal yapıtın konumu üstüne içkin bir sorgu olarak duyu ve güzellik arasındaki çatışma önem kazanabilir.

Monteverdi'nin başlıca sıkıntısı, önsözünden çıkarılabileceği kadarıyla, bu *"via naturale all'imitazione"*dir, bildik anlamıyla "gerçekçilik"le karıştırılamayacak bu gerçeklik taklidi, sanatçının tüm dikkatinin bundan böyle insana, onun duygularına, tutkularına, değerlerine yöneldiğini de belirler. Tuhaf bir biçimde, şarkılarla söylenen, oynanan, olabildiğince büyük bir gerçeklikle temsil edilmeye çalışılan bu "ben"in, heyecanların bu aşırı bireyselleşmesinin bir söylenin görkemiyle yankılandığını duyarız: Son yıllarda bütün dünya sahnelerinde gösterilen şu sayısız *Combattimento* yorumlarına bakalım. Daha güncel bir yapıt, insanlığımızı, kökenlerimizi, kültürlerin çatışmasını, en derin heveslerimizi daha iyi ifade eden dramatik bir biçim bulabilir miyiz? "Ben"i şarkılarla söyleme gücü Monteverdi'ye çağları, ideolojileri, uygarlıkları aşan bir "biz"i telaffuz etme hakkını vermiş gibidir.

Bu sekizinci kitapla, Monteverdi madrigal sanatını kapatır: Rönesans'ın en iyi işlerinden hiçbirini yadsımamış ama *recitar cantando*'nun modern teknikleriyle zenginleştirmiştir. Operanın uzun formlara, görkemli sahnelemelere, karmaşık makinelere başvurduğu bir dönemde, madrigal küçük form sanatının, ruh devinimlerinin anlatımının, içten duyguların resminin, gerçeğin minyatür tarzında temsil edilmesinin en yetkin örneğidir.

Dinsel Sanatın İnsanlaştırılması

Madrigal ve opera bireysellik kazanmış müzikal anlatımın daha özgürce kendini gösterdiği dindışı türleri oluştururlar. Buradan dinsel müziğin bu evrimin uzağında kaldığı sonucu çıkarılmamalıdır. 1610 yılında, Monteverdi, Papa V. Paulus'a son derece farklı olmakla birlikte birbirini tamamlayan iki dinsel yapıtını adar: Eski tarzda bir *Missa da cappella a sei voci* ve kendi türünde *Orfeo*'yla karşılaştırılabilecek başyapıt, bir ya da birkaç solist için çoksesli dille yeni yazının dahice sentezini sunan *Vespro della Beata Vergine*.

Ayin müziği için, Charles Quint'in gözde sanatçılarından biri olan Flaman müzisyen Nicolas Gombert'in *In illo tempore* motetine başvurur. Yazı gelenekseldir, bir önceki yüzyıldan miras *prima prattica*'ya uygundur. Tersine, Monteverdi'nin yenilikçi dehası "Akşam Ayinleri"nde açıkça görülür, burada geleneksel yazı biçimlerini, *cantus firmus* üstüne çoksesliliği, eş ritmi, iki koroluk yazıyı ve özellikle de *Orfeo* deneyiminden gelen yeni biçimleri (*concerti sacri*, 8'li Sonat, 7 ve 6 ses için iki Magnificat...) birleştirir.

İlk dini konseri *Nigra sum* tenor için yazılmıştır. Metin *Neşideler Neşidesi*'nden alınmıştır. "Ben karayım, fakat güzelim, Ey Yeruşalim kızları! Kral beni sevdi, beni iç odalarına götürdü. Ve dedi ki, sevgilim, güzelim, kalk da gel. Çünkü işte, kış geçti; yağmurlar geçip gitti; yerde çiçekler görünüyor. Asmaları budama vakti geldi." *Seconda prattica*'nın tüm vokal oyunları, tanrısal aşkın eğretilemesi olarak insani aşkın bu sarhoşluklarını dile getirmek üzere burada kullanılmıştır. Okşayıcı motifleri iç içe geçiren, enfes ses uyumsuzluklarından hoşlanan, büyüleyici dans ritimleri üzerinde havalanan iki sopranoya teslim edilmiş *Pulchra es*'i esinleyen de aynı aşk havasıdır.

Duo seraphin iki eşit sesle başlar, iki tenor, *Orfeo*'nun beşinci perdesindeki Apollon ve Orpheus düosunu anımsatan bir anlatım ve ustalıkla birbirlerine karşılık verir. *Tres sunt* sözleriyle birlikte üçüncü ses girerek parçayı neşenin doruklarına çıkarır. Okunan dördüncü motet, *Audi caelum* yankı ilkesine göre kurulmuş bir düoyla başlar, birinci tenorun her cümlesi bir süre sonra ikinci tenor tarafından yinelenir. Daha sonra *omnes* sözcüğü üzerinde altı sesin hepsi bir anda araya girer, çoksesli dokuyu çokça imitasyonla koral sona götürürler.

Kutsal müzikle dindışı müziğin alışverişi "Akşam Ayinleri"nin ötesinde de dinsel figürlerin durmaksızın insanlaştırılmasıyla çoğalacaktır: Arianna'nın *Lamento*'su *Il pianto della Madonna*'ya dönüşecektir; *Lauda Jerusalem* ise *Bergamasca*'nın halk ezgisi bassosu üzerinden yazılmıştır.

Ama özellikle dinsel yapıtın içerisinde, ya solistle ya da *Neşideler Neşidesi* örneğinde olduğu gibi metinlere başvurarak bireysel bir anlatıma yer veren Monteverdi, bireysel duyguyu dindarlığın toplumsal anlatımıyla bağdaştıran yeni bir dinsel müzik formuna yol açar. Onun öğrencisi Heinrich Schütz'ün ardından, Alman besteciler bireysel hazza geniş bir yer ayıran bu ruhanilik arayışını derinleştireceklerdir. Christoph Bernhardt'ların, Matthias Weckmann, Johann Christoph Bach ve Dietrich Buxtehude'lerin o son derece zengin anlatımlı sanatının mirasçısı olan Bach'ın Kantatlar ve Tutkuları, bir yüzyıldan uzun bir süre sonra burada başlayan geleneğin canlılığı ve derinliğini ortaya koyacaklardır.

Orfeo'*dan* Incoronazione di Poppea'*ya: Gerçekçi Bir İnsan İmgesine Doğru*

Monteverdi *Orfeo*'dan bir yıl sonra, Prens Francesco Gonzaga'nın Marguerite de Savoie'yla evlenmesi onuruna, ilk Floransa operaları sırasında Peri ve Caccini'yle birlikte çalışmış Rinuccini'nin bir librettosu için yazdığı ikinci operası *Arianna*'yı gösterime sunacaktır. Theseus'un Naksos'ta terk ettiği Arianna'nın çöküşünü, mutlu zamanlara duyduğu özlemi, öfkesini, başkaldırısını, umutsuzluğunu, kendinden geçişini seslendirdiği dokunaklı monolog dışında, bu operanın müziği ne yazık ki kaybolmuştur. Arianna'nın "Lasciate mi morire"sini iki kez seslendirdiği o ilk ölçülerdeki kadar iç paralayıcı bir müzik olabilir mi? Melodinin aralıkları, şarkı ve sürekli bas arasındaki armonik karşılaşmalar, çıkışlı satırın yinelenen kırılışı, tümü, her cümlenin, her sözcüğün, her hecenin kusursuz anlaşılırlığı içerisinde azami bir gerilime katkıda bulunur.

Arianna'nın sahnelenişi, prömiyerden kısa bir süre önce başrole çıkacak ünlü şarkıcı, Romanina diye anılan Catarina Martinelli'nin ölümü nedeniyle tehlikeye girer. Neyse ki Monteverdi, hem çok yetenkli bir şarkıcı hem de oyuncu olan Virginia Andreini gibi ideal bir yorumcu bulur. Bolca belgelenmiş tüm bu süreç, yepyeni bir olay olarak büyük şarkıcıların toplum tarafından tanınmasının, yorumcu için apayrı bir konumun ortaya çıkışının göstergesidir. Bir önceki yüzyılın ortalarına dek, hatırası yaşatılan ve onurlandırılan yegâne müzisyenler besteciler olmuştur: Şarkıcılar ve virtüoz çalgıcılar bundan böyle bu bestecilerin şanını paylaşacak, hatta zaman zaman onların önüne geçeceklerdir.

Yirmi beş yıl sonra, Monteverdi bu sayfanın yaratılış koşullarına döner yeniden: "Arianna'nın yakınmasını yazmaya oturduğumda, bana taklidin doğal yolunu açacak, olmadı taklitçinin ne olduğu konusunda aydınlanmamı sağlayacak tek bir kitap bulamamıştım; bir tek Platon'dan birkaç fikir alabildim, ama onlar da o kadar ölçülüydü ki bu zaaflı görüşümle, bana gösterdiklerinin pek azını seçebiliyordum." Bu taklit kaygısı, insan doğasına yönelik ilgi, Platoncu modele başvuru bir kez daha karşımızdadır!

Şair Agnelli'nin *Nozze di Tetide e Peleo*'sunun müziğe aktarılmasını isteyen Mantova sarayına 1616 yılında yanıt veren Monteverdi, dramatik ideallerini ısrarla ve inançla dile getirir: "Dahası, yorumcuların Rüzgârlar, Aşklar, Tatlı Esintiler ve Denizkızları olduğunu gördüm ki bu da çok fazla soprano gerekeceğini gösteriyor. Bir de buna rüzgârlara şarkı söyletme zorunluluğu ekleniyor; Efendim, konuşmuyorlarsa eğer, rüzgârların konuşmasını nasıl taklit edebilirim? Ve onlar üzerinden nasıl heyecan uyandırabilirim? Arianna heyecan uyandırıyordu çünkü bir kadındı, Orpheus da öyle, çünkü o da bir erkekti, rüzgâr değil. Armonilerin kendileri de (sözlerle değil ama) rüzgârların sertliğini, koyunların melemesini, atların kişnemesini vb taklit ederler; ama rüzgârların konuşmasını taklit edemezler, böyle bir şey yoktur çünkü. Zaten fablın tamamı da, azımsanmayacak cehaletimi de göz önüne alırsak, beni hiç heyecanlandırmadı diyebilirim. Hatta okuduklarımı güçlükle anladığımı ve beni doğal olarak heyecan uyandıran bir sona götürmediklerini hissettiğimi söyleyebilirim. Arianna beni yerinde bir sızlanışa götürüyordu, Orpheus ise yerinde bir yakarıya, ama bu fablın ne demek istediğini anlamadım."

1613 yılında, yirmi yıllık iyi ve dürüst hizmetin ardından, Monteverdi Montava sarayından ayrılır. Öngörülebilir bir ayrılıktır bu aslında: Yıllar içerisinde müzisyenin efendisi karşısında yaşadığı yoksunluk giderek büyür, yetersiz bulduğu maaşından ve tutulmamış sözlerden sürekli şikâyet eder. Venedik'te, öncekiyle karşılaştırılamayacak kadar rahat yaşam koşulları, büyük bir eylem ve yaratım serbestliği, en önemlisi de İtalya'da müzisyenlerin en çok özendiği konumu elde edecek, San Marco bazilikasında *maestro di cappella** olarak otuz yıl boyunca, ölene dek çalışacaktır.

Bu yeni görevleri Monteverdi'nin Mantova sarayından gelen siparişleri kabul etmesine engel olmaz. 1630 yılında Dukalık sarayını harabeye çeviren yangın, bugün yalnızca başlıklarını bildiğimiz çalışmalarından geriye hiçbir şey bırakmaz: *Tirsi e Clori, La Finta pazza Licori, Mercurio e Marte, Proserpina rapita.* Parma için yazdığı ve aralarında *Flora, Didone ed Enea, Gli Amor idi Diana e di Endi-*

* *Maestro di cappella*: Büyük kiliselerin müzik direktörlerine verilen ad. (ç.n.)

mione... gibi parçaların bulunduğu *intermezzo*'ların* müziği de günümüze ulaşamamıştır.

1637 yılında Venedik'te çok önemli bir olay gerçekleşir, Teatro San Cassiano'da girişte ödeme alınan ilk salon açılır: Opera her toplumsal sınıfa açık hale gelir, karşılık olarak da bu kitleyi gösterişli teatrallikte gösteriler, şöhretli şarkıcılar, tragedya ve komedyayı iç içe geçiren entrikalarla kazanmak durumundadır. Roma operalarının etkisiyle gerçek birer diva olan kastratolar, *bel canto*** ve vokal virtüozluk anlamında, lirik sanatta bir evrim gerçekleştireceklerdir. Karnaval dönemini merkez alan Venedik operası çok kısa sürede olağanüstü bir beğeni toplayacaktır.

O güne dek gördüğü saray tiyatrosundan bütünüyle farklı böylesi bir bağlamda, yetmişini geçmiş Monteverdi son iki yapıtıyla lirik sahneye geçer, *Il Ritorno d'Ulisse in patria* (1640) ve *L'Incoronazione di Poppea* (1643). Genelde bu iki operayı, atölyelerinde yardımcılarından destek alan büyük ressamlar gibi, birkaç öğrencisiyle birlikte yazdığı kabul edilir.

Orfeo mitoslar ve modern gerçeklik arasında son derece incelikli bir denge önermiştir, sahne tanrılarla, toplumsal ayrım yapılmaksızın adamlar ve kadınlarla doludur: Ülküselleştirilmiş bir insanlık söz konusudur. Bununla karşılaştırıldığında, Ulysses mitoslarla çok daha az ilgili, çok daha "gerçek" gibidir: Antik bir figür maskesi altında, her şeyden önce bir birey; simge, alegori, hatta kahramandan önce insan olan bir varlık söz konusudur. Onun sonu gelmez ıstırapları, onu ele geçiren kuşku, sadakâti, kurnazlığı ve gücü, kararlılığı ve son olarak da Penelope'yle kavuşmasıyla gelen mutlu son bizi de etkiler. Monteverdi'nin operasında Ulysses'in özel boyutu bir "üst-insan" değil, derin ve son derece büyük bir insanlığa sahip bir varlık olmasına bağlıdır.

Bu evrim Neron ve Poppea'dan başlamak üzere *L'Incoronazione di Poppea*'nın kahramanlarıyla daha da çarpıcı bir görünüm alır. Et-

* *Intermezzo*: Büyük müzikal ya da dramatik eserlerin perde aralarında çalınan kompozisyon. (ç.n.)

** *Bel canto:* Parça seslendirilirken, duygusal farklılıkların vurgulanması, notaların daha cazibeli bir şekilde söylenmesi, melodi ve şarkı sözlerinin anlamlandırılması üzerine kurulu bir yorumlama tekniği. (ç.n.)

ten kemikten varlıklardır bunlar, tutkuları kavurucudur, erotizm telkin edilmez, bütünüyle üstlenilir, metinde de böyledir bu, müzik ve temsilde de. Burada anılan Antik figürler değil, dünün ve bugünün insanlarıdır, hiç kuşku yok ki iktidar sahiplerinden ve Venedik toplumunda bolca rastlanan hafifmeşrep kadınlardan esinlenilmiş figürlerdir hepsi. Böylelikle mitos ve gerçeklik arasındaki ilişkilerin ters dönüşüne tanıklık ederiz: Rönesans sanatında gerçeğe egemen olan, onu yönetip biçimlendiren fikir, simge ve mitos olmuştur, buradaysa tam tersi söz konusudur. İnsan doğasının gerçeği mitosa üstün gelir ve onu ele geçirir.

Bu yeni gerçekçilik her düzeyde bir dil değişiminin ürünüdür: Metin eskisi kadar ülküselleştirilmemiştir, *Orfeo*'dakinden çok daha çıplaktır, dramatik durumlar daha gergindir, gülünç ve trajik olanın karışımı bayağılıktan korkmayan yeni bir canlılık getirir, karşıtlıklar ve ton değişimleri yapıtı Elizabeth dönemine özgü teatral bir solukla canlandırır, müzikse ritim ve dramatik renklere odaklanmak üzere her türlü protokol kaygısından sıyrılmıştır. Korunabilmiş partisyonlar büyük ölçüde yalınlaştırılmış bir yazıyı gözler önüne serer, çoğu kez şan ve sürekli bas olarak iki satıra indirgenmiştir; korolar yoktur artık, orkestra temelde metnin her nüansını ve şarkıcıların yorumunu izleyerek eşliği gerçekleştiren ve düzenleyen zengin bir *continuo*'dan (klavsenler, *chitarrone*, vb) oluşur. Bu operaların sahnelenişi hakkında çok az şey biliyoruz, ama her şey yer ve ortam konusunda çarpıcı karşıtlıklar yaratmak üzere şaşırtıcı sahnelemelere başvurulduğunu göstermektedir.

Müzikal dağarcık, karakterleri bireyselleştirmeye olanak tanıyan yeni tekniklerle zenginleşir: Önemli her kişi, Poppea ve Neron, ama aynı zamanda Neron'un sert akıl hocası Seneca, yüzüstü bırakıldıktan sonra evliliği de bitirilen kadın Octavia, Poppea'nın bahtsız âşığı Othon, onun sütannesi Arnalta, Othon'a gönlünü kaptıran genç Drusilla, özel bir melodi ve ritimle ele alınır. Burada harika bir portreler galerisi çıkar ortaya, kişiler çok renklidir, birbirleriyle çeşitli karşılaşmaları ve çarpışmaları son derece canlı ve renkli dramatik kopuşlar yaratır.

* Lavta ailesinden yaylı bir çalgı. XVI. yüzyılda İtalya'da ortaya çıkmıştır. (ç.n.)

Monteverdi'nin bu son iki operasında yeni bir boyut da çıkar ortaya: Kişilerin psikolojik boyutu. Neron karakterinin farklı yüzleri özellikle ayrıntılı bir biçimde işlenmiştir: Poppea'ya yasalara karşı gelecek kadar âşık, karısı Octavia'ya karşı adaletsiz ve acımasız, işkence emirleri verirken sadist, Seneca'nın ölümünün kutlandığı âlemde Lucanus'un sefahat yoldaşı olan Neron, *anti-kahraman*'ın en yetkin örneği olarak çıkar karşımıza. İlk perdede Seneca'yla karşılaşması geçişlerle çok iyi düzenlenmiş psikolojik bir evrimi gözler önüne serer. Neron söyleşiye kendinden emin bir biçimde başlar, buyurgandır, Octavia'yı boşayıp Poppea'yla evlenmeye ne kadar kararlı olduğunu gösterir. Seneca'nın eleştirel tepkisini şaşkınlıkla karşılayan Neron yasaları keyfince yok sayabileceğini anımsatır: "Gökler Jüpiter'inse, yeryüzü Neron'undur!" Ses tonu yükselir, replikler giderek kısalır, giderek sertleşir. Bu hiddetin düşünürün sakinliği ve akılcılığına etki etmediğini fark edince, Neron denetimini yitirmesine yol açan bir öfkeye kapılır. Gerekçeler tükenince de kekelemesine sebep olan bir histeri nöbetine tutulur: "tu, tu, tu mi sforzando allo sdegno" ("sen, sen, sen öfkelendiriyorsun beni"). Sahne sonunda Seneca'nın Neron'u kınaması ve zaaflı, bitkin, üstelik bir zulüm duygusunun tehdidi altındaki despotun kırılganlığının gözler önüne serilmesiyle sona erer.

Erdemsizlik ve ölümsüzlüğün bu yükselişi karşısında, Octavia karakteri duygularının gücü ve sahiciliğiyle etkiler izleyiciyi: Sürgüne mahkûm edilmiştir, ıstıraptan soluğu kesilmiştir, "*Addio Roma*"sını harfiyen mırıldanır, iç çekişler ve hıçkırıklarla dolu bir serzeniştir bu, neredeyse dayanılmaz bir yoğunluk ânıdır. İkinci planda kalan birkaç kişi duygularındaki tazelikle parıldar: Soylu genç kızla delikanlının o enfes baştan çıkarma sahnesi *Figaro'nun Düğünü*'ndeki Cherubino ile Barbarina'nın aşkının habercisidir.

Gülünç karakterlerin de çok büyük bir önemi vardır. Poppea ve Octavia'nın sütanneleri, kontralto aralığındaki bu iki rol, çok büyük olasılıkla kadın kılığındaki tenorlar tarafından oynanmıştır. Kılık değiştirmenin yarattığı bu gülünç boyut korudukları genç kadınlara şefkat beslemelerini engellemediği gibi, uzaklarda kalmış gençliklerine hayıflanmalarını da engellemez. *Il Ritorno d'Ulisse*'de, dayanılmaz gülünçlükte iki grotesk sahne sırasında, obur İro'nun doymak bilmezliğini betimlemek için, Monteverdi *Sekizinci Kitap*'ın önsözünde açıklama getirdiği tüm biçemlerin parodisini sunmakta duraksamamıştır.

Orfeo'daki karakterlerden farklı olarak, *Ulisse* ve *Poppea*'daki kişiler toplumsal ve psikolojik açılardan son derece zengindir. Ülküsel bir insanlık imgesi yerini gerçek insanlığın yapmacıksız portresine bırakmış ama bir parça kuşkuculuk da işin içine girmiştir. *Orfeo*'yu tanımlayan yüzeysel, neredeyse Palladio'cu büyük mimariden eser yoktur: Bundan böyle karşıtlıklar, renk ve ortam değişimleri, izleyiciyi şaşırtıp üç beş saatlik gösteri boyunca dikkatini kaybetmemesini sağlayacak her şey ön plandadır. Böylelikle Monteverdi Barok döneme giriş yapmak üzere müzikal Rönesans'a kararlı bir biçimde sırt çevirir.

Başta Cavalli olmak üzere kendisine en yakın öğrencileri bu çok renkli biçemde operalar yazmayı sürdüreceklerdir. Ama Monteverdi'nin operaya katkısı hemen ardından gelen kuşağın da çok çok ötesine geçmiştir. Gelecek kuşakların alacağı ders ise, karakterlerin, davranışların ve yazgıların bireyselleşmesine bu geçiştir. *L'Incoronazione di Poppea*'yla birlikte Don Giovvanni, Carmen, Traviata, Falstaff, Lulu, Grimes ve Wozzeck'e, opera dünyasına hayat veren soylu ya da halktan tüm o karakterlere yol açılır. Bundan böyle *drama in musica*'nın konusu insandır, kadındır, benzersizliği ve her türlü zaafı içerisinde insandır.

Demokratik halklarda şiirden söz ederken, Tocqueville şöyle yazar: "İnsan yazgıları ya da insan, zamanından ve ülkesinden bağımsız ele alınıp tutkularıyla, kuşkularıyla, görülmemiş mutlulukları ve akıl sır ermez sefaletleriyle birlikte doğayla Tanrı'nın karşısına konduğunda, halklar için şiirin başlıca ve neredeyse biricik konusu olacaktır."[18]

18 *De la démocratie en Amérique*, II, 1, XVII. Bölüm.

Robert Legros

Modern Bireyin Doğuşu

Modern çağda bireyin doğuşu? Bir anlamda, her toplum bireylerden oluşur. İnsanlar insan olalı beri, birbirlerini tanırlar, birbirlerini ayırt ederler, kendilerine özgü nitelikler belirler, bir kimlik edinirler, kısacası bireyler gibi davranır, kendilerini bireyler olarak ele alır ve algılarlar. Yine de modern toplum yeni bir türde bireylerden oluşur. Birbirlerini eşit, özerk ve birbirinden bağımsız varlıklar gibi görüp davranmaya başladıklarında, insanlar aslında sözcüğün bilinmedik anlamıyla, hatta gerçek anlamıyla birey olmuşlardır. Demokrasinin kökeninde yer alan insan ilişkilerindeki bu dönüşüm modern çağın başlangıcında ortaya çıkar. Hümanizma bunun bir kanıtıdır. Rönesans sanatı da öyle: XV. ve XVI. yüzyılın plastik sanat, yazın ve müzik yapıtları yeni bir insanlık figürünü biçimlendirir ve yeni bir birey tipinin yükselişini muştular. Moderniteyi başlatan yapıtlar içerisinde birey hangi özelliklerle gösterir kendini? Sanatta bireyin doğuşu hangi anlamda açıklanabilir? Bu soruları modern bireyin doğuşu üstüne birkaç düşünceyle aydınlatmaya çalışalım.

Hiyerarşi ilkesi birlikte yaşamanın temelinde yer aldığında, toplumsal sınıfı belirleyen aidiyetler ilkece doğumla gelen aidiyetlerdir, bundan böyle bunlar doğal ve genelde zorunlu sayılan aidiyetler olarak ortaya çıkarlar: Niteledikleri kişilerin doğasını ve özünü belirledikleri kabul edilmiştir. Her kişi doğuştan gelen aidiyetlerine göre davranıp kendini göstermeye yönelir ya da genelde buna eğilimlidir: Belli bir sınıfın, bir dinin, bir cinsiyetin, kavmin, ailenin, bir kabile ya da aşiretin, bir ulusun üyesi olmak gibi. Herkes temsil ettiklerine göre kendini tanıtmalı ve ait olduğu toplumsal sınıfa göre hareket etmelidir. Bundan böyle, gündelik yaşamda öteki insan yalnızca öteki olarak değil, her zaman için ve öncelikle şu ya da bu olarak da ortaya çıkar. Dolayısıyla önceden *kuşatılmış* gibidir. Bu da eski anlamıyla bireyin genelde her şeyden önce özel algılandığını ifade eder.

Demokratik ilişkilerin yaratıcısı modern bireyleşme, doğal sayılmış hiyerarşilere, yetke gerekçesine, kişisel bağımlılık bağlarına toplu bir itiraz gerektirir. Böylesi bir itiraz eşitlik, özerklik, bağımsızlık duygusuyla çoktan harekete geçmiş bireyler gerektirir. Dolayısıyla kendilerini toplumsal sınıflarından, aidiyetlerinden, mevkilerinden bağımsız algılamaya zaten alışmış olan insanlar gerektirir. Başka bir deyişle onları tanımlayan ya da özel kılan şeylerden soyutlanmış olmaları gerekir. Kısacası, modern bireyleşme, insanın ötekini benzeri olarak deneylemesinin her günkü yaşam içerisinde görülmesine bağlıdır. Öteki insan yalnızca şu ya da bu olarak değil, ayrıca her zaman ve öncelikle, her türlü aidiyetten bağımsız olarak çıkar karşımıza. Dolayısıyla boyunduruklardan çoktan sıyrılmış olarak belirir. Bu da modern anlamda bireyin genelde öncelikle *benzersiz* bir birey olarak algılandığını ifade eder. Daha doğrusu: İnsan olarak öncelikle benzersiz bir birey olarak algılandığını.

Anlaşıldığı üzere, bireyler her insan toplumunda benzersizleşirler. Ama hiyerarşi ilkesi üstüne kurulmuş aristokratik toplumlarda, her bireyin bireyleşmesi genelde görünmezleştirilmiştir: Herkes ne ise ona uyum sağlamakla yükümlüdür, doğal ve temel sayılan aidiyetlere göre davranmaya eğilimlidir. Bundan böyle benzersizleşme keyfî olanın belirişi, yoldan çıkışın işareti, bir kayboluşun sonucu gibi yorumlanacaktır. Yasanın dışında bir benzersizleşme ahlak dışı bir istencin, özünden sapmış bir ruhun, bir bozunumun kanıtı olarak gösterilir; kahramanın benzersizleşmesiyse onun üstünlüğünün, erdemlerinin, sıradışı bir ruhun, kişisel bir soyluluğun kanıtıdır. Buna karşılık demokratik benzersizleşme iyi ya da kötü yönde ayrıksı bir biçimde öne çıkan varlıklara özgü bir şey değildir. Evrensel olanla benzersiz olanın gizemli bir kaynaşımını salık verir:

Modern insan, benzersizleşme insanlığa dair bir işaret olarak görüldüğünde doğar. Hümanizma bu yeni fikrin kapısını aralar: İnsanın insanlığı (insanın özü) benzersizleşmeye, dolayısıyla her türlü aidiyetten sıyrılmış, her türlü mevkinin önüne geçmiş, her türlü sınıflandırmadan, belirlemeden kurtulmuş bir varoluşa dayanır.

Boyunduruklardan sıyrılmış ve sınıflandırılamayan birey, ister istemez soyutlanmış bir birey, bir monad, bir atom, insanlığından sıyrılmış bir birey mi olacaktır? Özelliklerinden arınmış birey ister istemez bir soyutlamanın boşluğunda yok olmakta mıdır? Çıplaklaşmış, kendisini tanımlayan ayırt edici göstergelerden sıyrılmış birey haliyle bir hayvan türünün üyesi olarak belirmeyecek midir? İnsanın insanlığı bir özelliksizleşmeden, bir kurtuluştan, bir çıplaklaşmadan nasıl doğabilir? Evrensel olan ve benzersiz olan nasıl çiftleşip birbirinin içinde eriyebilir?

Modern demokrasilerin, modern bireyleşmenin kurucu ilkesi her insanoğlunun doğarken, özerklik hakkı ve bireysel bir bağımsızlık hakkı olarak alınabilecek aynı özgürlük hakkını beraberinde taşıdığını söyler. Hiçbir modern öncesi toplum böylesi bir ilke tarafından yönetilmemiştir. Modern öncesi toplumlar insanların *insan olarak* özgür oldukları fikrine bağlı her türlü eşitlik ilkesini bilmez ya da reddederler. Doğuştan gelen eşitsizlik ilkesine ya da bir heteronomi ilkesine ve komünoter ilkeye bağlı hiyerarşi ilkesine dayanırlar. Eski felsefeler ve çeşitli tektanrılı inanç sistemleri insanların eşitliği fikrini, hatta insanın özerkliği fikrini ve bireylerin bağımsızlığı fikrini oluşturup yüceltebilmişlerdir kuşkusuz. Ama bu yine de söz konusu fikirlerin yalnızca modern çağda birlikte yaşama ilkeleri olarak yükseldikleri gerçeğini değiştirmez. Eski demokrasilerin bir özerklik ilkesi, yurttaşların eşitliği ilkesi, yurttaşların birbirlerine karşı bağımsızlığı ilkesi üstüne kuruldukları doğrudur. Ama Demokratik Kentlerin yurttaşları, yurttaş olarak değil insan olarak birbirlerini eşit, özerk ve bağımsız bireyler olarak görürler. İnsanlar her toplumda özgürlüklerini ortaya koyarlar, bu arada bireyin doğuştan, "doğası gereği" yazgısına yön verme hakkını elde ettiği fikri, her insanın özünde varolan bireysel haklar fikri ya da insanın insan olarak özgür olduğu fikri, Hegel'in de, Marx ya da

Tocqueville'in de altını çizdikleri gibi ancak modern çağda toplumsal bütünlük içerisinde yaygınlaşmış ve birlikte yaşamanın kurucu ilkesine dönüşmüştür. Kuşkusuz insanın insan tarafından sömürülmesi ve yeni kölelik biçimleri modern demokrasilerin tam ortasında gelişmiştir, ama en azından bir ilke adına geçersiz kılınabilirler; söz konusu ilke bütünüyle "kâğıt üzerinde" kalması şöyle dursun, kurulu yetkelerin keyfiliğini kısıtlamak ve herkese özgürlüğünü üstlenme gücünü vermek üzere bitimsiz bir savaş başlatmış ve hararetlendirmiştir. İnsanın insan olarak özgür olduğu fikri, böylesi bir ilke nasıl birlikte yaşamanın ilkesi olarak oluşturulabilir?

İnsanlar çok eski zamanlardan beri kurdukları hiyerarşi ilişkilerini kırmaları gerektiği sonucuna katıksız bir düşünme sürecinin ya da karşılıklı tartışmanın sonucunda varmamışlardır kuşkusuz. İnsanlar binyıllar boyunca birbirlerine karşı kullandıkları iktidarlara cesaret yokluğundan dolayı, tembellik ya da alçaklıktan dolayı ya da kendilerini doğal olarak önemsiz hissettikleri için dinsel bir temel atfetmemişlerdir kuşkusuz. Eskilerin kutsal olanın hissedilebilir varlığına kapılmalarına, akıl yürütme ya da olguları oldukları gibi gözlemleyebilme becerisinden yoksun olmaları neden olmamıştır kuşkusuz. Modernler bir hesap ya da akıl yürütmenin sonucunda, ya da sonunda kendileri düşünüp harekete geçme cesaretini bulabildikleri için, eşitliği, özerkliği, bireysel bağımsızlığı insanların birlikte varoluşunun ilkeleri olarak koymayı seçmiş değillerdir. Yeni bir dünya ve insanlık deneyimi sayesinde, insanlar yavaş yavaş insan olarak birbirlerini eşit algılama, kendilerini özerk hissetme ve ötekilerden bağımsız olma yoluna gitmişlerdir. Ve aynı hamleyle yeni bir biçimde bireyleşmeye başlamışlardır.

Hiyerarşi ilkesi ve komünoter ilke törelere egemen olduğunda, insan ilişkilerini yapılandırırlar, her insan öncelikle ve genelde, kendisini tanımlayan ve niteleyen aidiyetler tarafından kuşatılmış gibidir. Bireyler birbirlerini eşit olarak gördüklerinde, kendilerini özerk ve bağımsız görmek istediklerinde, her türlü aidiyetin ortasından çıkar, bahşedilmiş özelliklerinden sıyrılırlar. Hegel'in de belirttiği gibi, özelliklerinden sıyrılmış bireyin bir soyutlamanın boşluğunda yok olup gidebileceği, kendisi olmasını sağlayan nitelikleri yitirdiğini hissedebileceği, özelliklerinden sıyrılışını kendi ölümünün deneyimi olarak yaşayabileceği doğrudur. Kendisi için düşünüp eyleme geçmeye yönelen bireyin çok geçmeden yargılarının kaynağını kendinde ve yalnızca kendinde bulmak isteyeceği, kendisinin düşünce ve eylemlerinin nihai öznesi olduğuna inanıp bunu talep edeceği, kendini güden birey olarak özgür hissedebileceği de doğrudur, ama elbette görünürdeki yetkelerin ortadan kalkması onda genel kanının çekiciliğine kapılmasına neden olacak bir şaşkınlık yaratmadığı sürece. Birbirlerinden bağımsızlaşmış bireylerin kendilerini "atomlaşmış" hissedebilecekleri, bundan böyle her türlü ortaklaşmayı doğal bencilliklerinin sınırlandırılması gibi ve her barışı uzlaşımsal olarak kesintiye uğramış bir savaş gibi algılamaya gidecekleri de doğrudur. Öte yandan, insani evrensellikleri ve bireysel öznelliklerinin keyfîliği içine sıkışmış bireyler, olsa olsa insanın içinde insanı aşan şeyin anlamını, insanlıklarının anlamını yitireceklerdir. Yine de özelliklerinden arınma, yetkelerin kutsallıklarından sıyrılması ve bireysel bağımsızlık, aynı zamanda bireylerin benzersizleşmesinin de koşullarıdır ve bu benzersizleşme olmadan insanın anlamı bile gizli kalacaktır.

İnsanların insan olarak birbirlerini eşit görebilmelerini, kendilerini insan olarak özerk ve bağımsız hissedebilmelerini sağlamış dünya ve insan deneyimi, Ortaçağ'a egemen olmuş tanrımerkezli gösterimlerin önce çözülüp sonra da yıkılmalarına yol açmış, aynı zamanda hümanist düşüncenin ortaya çıkıp yaygınlık kazanmasını, bilim ve modern teknolojilerin ilerlemesini, doğayla ve öte dünyayla yeni bir ilişki kurulmasını, felsefede yenilenmeyi beraberinde getirmiştir. Bu durum sanattaki ifadesini nasıl bulmuştur peki? Ortaçağ kalıplarından kopmaya başlayan plastik sanat, yazın ve müzik yapıtları dünyaya ve insanlığımıza ilişkin yeni bir deneyimi önceler ya da ifade ederler mi? Törelerin demokratikleşmesinin etkisiyle farklı sanat biçimlerinde ne gibi dönüşümler gerçekleşir? Burada sürdürdüğümüz araştırmanın kökeninde yer alan bu soruların çerçevesini genişletmeyi deneyelim. Sorgulamamızı, insanların sözcüğün modern anlamıyla birey oldukları dönüşüm sürecine yöneltelim.

Hiyerarşi, heteronomi ve komünoter düzen insanların birbirleriyle ya da dünyayla kurdukları ilişkileri yapılandırdığı zaman, dünya ve insan deneyiminin öncelikle ve genelde nasıl kendisini dayattığına bir bakalım.

Toplumu oluşturan hiyerarşiler genelde dünyanın doğal düzenine aitmiş gibi kabul gördüklerinde, bir toplum hiyerarşi ilkesine göre yönetilmiş olur. Tam olarak, doğal göründükleri ölçüde meşru görünürler. Meşru sayılan hiyerarşilerin doğal göründüğünü söylemek, bir insansal kökenin kavranmasına olanak tanımadıklarını ifade eder. Toplumun üyelerince, insanlar tarafından yaratılmış kurumlar gibi değil, daha çok insanüstü ya da tanrısal bir kaynaktan yayılıyormuş gibi algılanırlar. Kısacası, doğaüstü (tanrısal kökenli) göründükleri ölçüde doğal algılanırlar (dünyanın doğal düzeni içinde yerlerini almışlardır).

Herkes insansal bir kararın, insansal bir seçimin, insansal eylemlerin sonucunda değil de doğal olarak toplumsal bir sınıf içerisinde yer aldığını ve topluluklara dahil olduğunu hissettiğinde, hiyerarşik ve komünoter bir yapı kendi üyelerine doğal görünecektir. Bir anlamda doğanın kendisi aristokrat bir toplumun üyelerini sıralıyor, düzenliyor ve sınıflandırıyor gibidir çünkü böylesi bir yapı içerisinde herkes doğuştan bir sıraya yargılıdır ve topluluklar içerisindeki yerini alır. Bu arada, birlikte yaşama hiyerarşi ilkesine ve komünoter ilkeye dayandığında, hiyerarşiye dayalı, hiyerarşik düzen, doğal algılanan düzen, sözcüğün modern anlamıyla doğal alınmayacaktır. Doğal görünür çünkü insansal bir kökeni görmemizi engeller, ama modern anlamda doğal görünmez çünkü kaynak aldığı doğa hem kuralcı hem de kuşatıcı ve doğaüstü görünür.

Hiyerarşik ve komünoter yapı doğal göründüğünde, ayrılmaz biçimde doğal ve kuralcı görünecektir çünkü bu yapıyı oluşturan hiyerarşiler, topluluklar, birlikler üyelerine hem ne olduklarını (doğal olarak ve temelde) hem de ne olmaları gerektiğini söylerler; ne oldukları doğal aidiyetlerine göre, ne olmaları gerektiği de doğuştan belirlenecektir; ne oldukları doğal olarak doğuştan söylenecektir, ama aynı zamanda toplumsal sınıflarına, cinsiyetlerine, topluluk aidiyetlerine göre yaşamak için nasıl yaşamak zorunda oldukları da söylenecektir: Nasıl davranmak, giyinmek, bir tavır belirlemek, ikamet etmek, kendilerini nasıl tanıtmak, nasıl evlenmek, çocuklarını nasıl eğitmek zorunda oldukları, ölülerini nasıl uğurlamak, yoksullara nasıl yardım etmek, yabancıları nasıl ağırlamak ve düşmanlarına nasıl davranmak zorunda oldukları belirlenmiş olacaktır. Bundan böyle yaşama biçimleri herkesin ne olduğunu ve herkesin ne olmak zorunda olduğunu birbirinden ayrılmaz bir biçimde ifade ederken doğal ve kuralcı nitelikleriyle kendini gösterecektir. Âdetler (töreler, gelenek) kuralcıdır çünkü herkese nasıl yaşaması gerektiğini gösterirler, ama kendi içlerinde doğal görünürler çünkü doğuştan gelen aidiyetlerle belirlenmişlerdir. Her insan doğuştan ne ise ona göre davranmakla yükümlüdür, olduğu şey ne ise o olmaya çalışmalıdır: Hiyerarşi ilkesi doğa ile kuralı, "olmak" ve "olmak zorunda olmak" fikrini iç içe geçirir. Hiyerarşi ilkesine dayalı toplumlarda, doğa gündelik yaşamın içinde bile kuralcı, amaca hizmet eden bir doğa olarak çıkar karşımıza, ki bu da insanın varoluşunun ve birlikte varoluşunun kurallarının öncelikle ve genelde, doğal kurallar gibi, dünyanın doğal düzenine uygun kurallar gibi göründüğünü ifade eder.

Hiyerarşik ve komünoter yapı hem doğal hem de kuralcı göründüğünde, doğa kuşatıcı bir işlev üstlenecektir. İnsan bu yapıya dahil olduğu, buna ait olduğu ölçüde bir "dış" ya da "nesnel" doğa gibi görünmeyecektir. Bu da modern öncesi toplumlarda ortak yaşam deneyiminin öncelikle ve genelde, kendi içinde, doğrudan bir doğa deneyimi olduğu, doğa düzenine ilişkin bir deneyim olduğu anlamına gelir. Doğa, iyi yaşama biçimlerinin dışında kalan bir alan değildir: Her insan, kendi topluluğunun, sınıfının, konumunun belirlediği âdetlere ya da kurallara göre yaşayarak doğal dünya düzeni içerisindeki yerini deneyimleyecektir. Bu durum aynı zamanda, hiyerarşi ilkesinin, yaşama biçimlerine egemen olmasıyla birlikte gündelik yaşama ilişkin çevrimsel bir kavranabilirliği de beraberinde getirdiğini gösterir. Bir yandan, alışılageldik yaşam biçimleri, değişmez bir model gibi kurulmuş kuralcı bir doğayı takip eder; bir yandan da, değişmez bir model gibi kurulmuş doğa alışılageldik biçimleri içine alır: Kısacası, alışılageldik yaşama biçimleri kendilerini model olarak alırlar. Eskiler, yaşama ve davranma biçimlerinin kurallarını doğanın kendisinde, dünyanın doğal düzeni içerisinde gördüklerini açıkça öne sürebilmişlerse eğer, bunu doğanın kendisini kendi yaşam biçimlerinde görebildikleri ölçüde yapabilmişlerdir. Hiyerarşi bir ilke olarak kurulduğunda, kaybolmakta olan bir geleneğe geri dönme talebi kendini hissettirdiği anda doğayı insani yasalarla taklit etme buyruğu verilecektir: Bir model olarak hedeflenen doğa, doğallaştırılmış bir gelenektir aslında. Doğanın kendisini, atalardan kalma varolma ve birlikte varolma biçimlerinde göremedilerse eğer, Eskiler çocuklarını nasıl eğitmeleri gerektiğini, atalarını nasıl anmaları ve anlaşmazlıklarını nasıl çözmeleri, ölülerini nasıl gömmeleri gerektiğini nasıl olmuş da doğa üzerinden görebilmişlerdir?

Hiyerarşi hem doğal hem de kuşatıcı olduğunda, hem doğal hem de doğaüstü bir düzen olarak dayatacaktır kendini. Uzlaşımlarımızı önceleyen bir düzen olarak öne çıktığında, bizden bağımsız bir biçimde olduğu şey olduğunda doğal görünür; ve dinin kökeninde ya da kuralların kökeninde yer aldığı düşünülen insanüstü güçleri bünyesinde görünür kıldığındaysa doğaüstü görünür. Hiyerarşi ilkesi heteronomi ilkesini içerir. Modernlik öncesindeki hiyerarşi, öte dünyanın hissedilebilir varlığını doğal düzen ve insan ilişkileri içerisinde nasıl yaygınlaştırabilmiştir peki?

Hiyerarşi birlikte yaşamanın ilkesi olduğunda, hiçbir insani yetke, hiçbir insani iktidar yasanın bir kaynağı olarak algılanamamıştır. İktidar, yasalar yaratma gücü olarak değil, daha yukarılardan gelen bir Yasanın (dinin) korunup kollanmasıyla yükümlü bir güç olarak tasarlanmıştır. Her yetkenin görevi bir dünya düzenine, tanrısal kökenli bir yasalar bütününe saygı gösterilmesini sağlamaktır, ama hiçbir yetke bu görevi insani bir iktidardan almış değildir. Bundan böyle her insani güç, meşruluğunu tanımış olanlara insanüstü, doğaüstü, tanrısal bir gücün belirimi olarak görünecektir. Öte dünya ve bu dünya arasında bir aracı olarak, meşru olduğu kabul edilmiş modern öncesi yetke hem doğal hem de doğaüstü bir güç olarak dayatır kendini: Bu dünyaya aittir kuşkusuz ama aktardığı buyruklar daha yukarıdan gelmektedir, sözleri insanüstü güçlerin sesini duyurmaktadır. Ayrıca, ancak korku, saygı ve itaatle yaklaşılabilir ona. Hiyerarşi ilkesi üstüne kurulmuş tüm toplumlarda, meşru yetkeye itaatsizlik, dinin kendisine bir saygısızlık; iktidarı eleştirmek bir günah; kurulu düzene karşı saygısızlık dine saygısızlık, yetke gerekçesine kuşkuyla yaklaşmaksa bir başkaldırı eylemi olarak görülecektir.

Hiyerarşi ilkesi üstüne kurulu toplumlarda, meşru sayılan her insan yetkesinin, aile, asker, din ya da derebeylik iktidarı olsun ya da siyasi topluluğun tamamı üzerinde etkili olsun, öte dünyayla bu dünya arasında aracılık ettiği kabul edilmiştir; bu da bir yandan, kendisinin de daha yukarıdan gelen yasalara sıkı sıkıya bağlı olduğunu, ama bir yandan da tanrısallıkta payı olduğunu ifade eder. Modern öncesi devletçi toplumlarda, meşru sayılan yetke tanrılaştırılmıştır ve "olma" ve "öyle görünme" biçimlerinde tanrısallıkta payı olduğunu esinlemek zorundadır: Işık saçmak, parlamak, boyun eğdirmek zorundadır. Daha doğrusu: Her yetke, konumunun yüksekliğine göre ışık saçmak ve parlamak zorundadır. Yetke büyüdükçe, tanrısal güçlere daha da yakın görünecek, tanrısallıktaki payını doğrulayan nitelikleri de daha açıkça ortaya konacaktır. Modernlik öncesindeki her devlet toplumunda, en yüksek yetkeler bir haşmet edasıyla, görkemli ve debdebeli ritüellerle, göz kamaştırıcı törenlerle, güçlerini gösterişle öne çıkararak göksel güçlerle yakınlıklarını ortaya koymak zorundadırlar. Üstünlüğün görünür biçimleri, ihtişam göstergeleri bundan böyle basit biçimler gibi değil, öte dünyanın hissedilebilir belirimleri, tanrısal güçlerin açıkça ortada ifadeleri olarak algılanacaktır. Törenler, şatafat, cömertlik, gösteriş, etiket, askeri geçitler yüzeysel görünümler, ikincil bir dekor olarak değil, tersine, doğaüstü bir üstünlüğün, tanrısallığın dünyevi varlığının kanıtı göstergeler olarak hissedilir. Hiyerarşi ilkesi törelere egemen olduğunda, gündelik dünya deneyimi doğaüstü bir doğa deneyimi, tanrısallaştırılmış, sihirli bir doğa deneyimi olur.

Hiyerarşi ilkesi (heteronomi ilkesi) törelere egemen olduğunda, toplumun en alt katmanlarında yer alanlar son kertede yalnızca birer bedene indirgenirler; tek görevleri bedensel işleri yerine getirmekten ibarettir. Doğuştan (doğaları gereği), ilke düzeyinde, emek verirken tükenmeye yargılıdırlar. Toplumsal konumlarından dolayı katlandıkları acılar önceden doğrulanmıştır. Bu arada, hiyerarşinin ve komünoter yaşamın anlamı tam olarak yadsınmadığında, yalnızca ve basit bir biçimde bedenlerle de özdeşleştirilemezler. Hiyerarşik topluluğa dahil oldukları anda, toplumsal konumları ne kadar düşük olursa olsun, aslında, ilke düzeyinde, hiyerarşi yoluyla tanrısal güçlere, bir öte dünyaya bağlanmış olurlar. Çünkü üst ve ast olanı birbirinden ayırdığı anda, onlara farklı yaşam biçimleri dayatarak, görünüşte doğal farklılıklar getirerek bu ayrımı kurduğu anda, hiyerarşi onları karşılıklı zorunluluklarla birbirine bağlar. Yukarıdakilerle aşağıdakilerin ayrımı ne kadar belirgin olursa olsun, aralarındaki ayrım ne kadar doğal ya da doğaüstü olursa olsun, onları birleştiren doğal (doğaüstü) bağ, olası bir kopuş dünyanın birliğini tehdit etmediği sürece kopmayacaktır. Bir yandan, en yüksek nokta (en üstün iktidar, bu dünyada tanrı yetkesini somutlaştıran güç) tanrılarla yakınlığına, akrabalığına rağmen yeryüzüne bağlı kalır, bu dünyaya kök salmıştır: Güvencesi olduğu dinsel yasalara, tanrısal kökenli yasalara boyun eğer. Bir yandan da tanrısal güç (öte dünyada yer etmiş temel) topluluğa en tepeden dahil olur ve oradan da, hiyerarşi sayesinde, toplumun en alt katmanlarına kadar yayılır ve iner. Hiyerarşi ilkesi üstüne kurulmuş toplum, kendisini öte dünyayla kaynaştıran bağlar aracılığıyla bir bütün olarak birleştiği ölçüde bir topluluktur, topluluklardan ya da kitlelerden oluşmuş bir topluluktur. Bu da hiyerarşik ve komünoter bir yapı deneyiminin yalnızca doğal düzenin bir deneyimi değil, aynı zamanda, ister istemez, bir öte dünya deneyimi olduğunu, ve bunun, bir öte dünya deneyiminin, yalnızca görünmezle bir bağlantı olmadığını, doğaüstü güçlerin bu dünyadaki mevcudiyetinin algılanabilir bir deneyimi olduğunu ifade eder.

Öte dünya ve bu dünya arasındaki aracı olarak insan iktidarı geçmiş ve bugün arasında da aracılık eder: Geçmişle bugün arasındaki "doğal" ("doğaüstü") bağı kurmakla yükümlüdür. Daha doğrusu, yetke kuran bir geçmiş olarak, bugün olduğumuz şeyi açığa vuran bir geçmiş olarak, büyüklüğümüzün tanığı bir geçmiş olarak ilk elde algılanan ya da hissedilen geçmişle onu uzatıp sürdürecek bir bugün arasında "doğal" (ya da "doğaüstü") bir bağ kurmakla yükümlüdür. Birlikte yaşama ilkeleri yalnızca birlikte yaşama ilkeleri değildir; yalnızca bir Din, iktidar, yetke, kural deneyimini yönetmezler: Bir doğa, öte dünya ve zaman deneyimini yönlendirirler aynı zamanda. Kısacası, bir dünya deneyiminin temelinde yer alırlar.

Aristokratik İnsan Deneyimi

Dünya deneyimi insan deneyiminden ayrı düşünülemez. İnsanlar birbirlerini, öncelikle ve genelde, doğal, kuralcı ve doğaüstü bir düzen tarafından kuşatılmış bireyler olarak algıladıklarında, insanlıklarını hem evrensel hem de özde varolan bir insanlık olarak göremeyeceklerdir. Ötekiyle karşılaşmada, insanlık kadar eski bir benzerlik duygusu hissedilir kuşkusuz. İnsanlığını yitirmemiş her insanoğlu, başka bir deyişle her uygar insan, başkasının bedenini ilk bakışta (her türlü uslamlamanın, her türlü benzeşimin öncesinde) bir benzerinin bedeni, dolayısıyla *canlı* bir beden, vücut bulmuş bir öznellik, "düşünen" bir beden olarak algılar. Ötekinin bir benzer olarak dolaysız ya da tensel deneyimlenmesi kuşku yok ki evrenseldir. İnsanlar insan türünün her üyesini belirten bir ad uydurduklarından beri, yani Antikçağ'ın ilk dönemlerinden beri, belki Devlet'in kuruluşundan beri, ortak insanlıklarına bir anlam vermiş ve *insan olarak* birbirlerini açıkça benzer algılayabilmişlerdir. Ama hiyerarşik bir toplumda, ortak yaşama kurallarının doğal ve doğaüstü göründüğü topluluklarda, herkese doğal olarak (doğuştan) ne olduğunu ve ne olması gerektiğini söyleyen hiyerarşik ve komünoter sistemdir. Bundan böyle evrensel kabul edilen insanlık özünden çıkmış gibidir (bir hayvan türü olarak insanlıkla karıştırılır), oysa ki özel bir insanlık, doğal (kuralcı ve doğaüstü) düzene uygun bir insanlık insanın özünde varolduğunu dayatmaya yönelir. Evrensel olarak alınan insanlık (tüm insanları dinleriyle ırklarından bağımsız olarak kuşatan bir tür gibi), hiç kuşku yok ki bir konumu açığa vurur (insan türü tanrılardan aşağı, öteki canlılardansa üstün bir konumdadır), ama bunun özde varolduğu kabul edilemez. Alışılageldik varolma biçimlerimiz doğalsa (doğuştan geliyorsa) eğer, ya da özel bir insanlık olarak tasarlanan insanlığımıza bağlılarsa, bundan böyle ötekiler, farklı yaşam biçimleri olanlar daha az insan olacaktır; ama evrensel insanlık olarak tasarlanan insanlığımıza hiçbir biçimde bağlı değillerse, bundan böyle insanlığımız özdeki doğamızı belirlemeyecektir.

İnsanlığımızın deneyimi, insanın benlik deneyiminden ayrı düşünülemez. Dünya deneyimi doğal, kuralcı, kuşatıcı ve doğaüstü bir düzenin deneyimi olduğunda, benlik deneyimi öncelikle ve genelde, modern anlamda özne olacak bir benliğin deneyiminden başka bir şey olamaz. Çünkü toplumsal bir konumu belirleyen aidiyetler doğal ve kuralcı aidiyetler olarak, ayrıcalıklar ve yükümlülükler verdiği insanların ne olduklarını ve ne olmaları gerektiğini ortaya koyan aidiyetler olarak algılanırlar, herkes genelde bu inanışa göre hareket eder: Beni, olduğum ne ise ve olmam gereken ne ise o yapan şeyi ben değil, doğuştaki aidiyetlerim belirler. Daha açıkçası, benden önce varolmuş ve beni aşan bir düzene doğal (doğaüstü) bir giriş yapmış olduğumdan dolayı ben benim, bu yüzden davrandığım gibi davranırım, düşündüğümü düşünürüm, hissettiğimi hissederim, bu yüzden istediğimi isterim, arzuladığımı arzularım.

İnsanlığımızın deneyimi ve benlik deneyimimiz öteki'ni deneyimlemekten ayrı düşünülemez. İnsanlar birbirlerini, öncelikle ve genelde, doğal bir düzen tarafından kuşatılmış bireyler olarak algıladıklarında, ötekini deneyimlemek mantıklı bir benzerlik ve başkalığın deneyimi olur. Öncelikle toplumsal bir konuma, şu ya da bu zümreye, şu ya da bu topluluğa ait biri olarak kendini tanımladığı ölçüde, öteki, ilk elde, kuşatılmış biri olarak görünür bana. Kendisini şu ya da bu aidiyete göre tanımladığında, kendisini bir bağlama oturtan bir anlamı kuşanmış gibi belirir hemen. "Şu" ya da "bu" olarak değerlendirildiği ölçüde, ya da, aynı şey ama, ona varlığını önceleyen bir anlayışla yaklaşıldığı ölçüde şu ya da bu bağlama ilişkin bir anlam yüklenmiş olarak çıkar karşıma. Onu "şu" ya da "bu" olarak hedefleyen bir kavramanın temelinde yaklaşıldığında, öteki, onu insan olarak algılıyorsam eğer, daha doğrusu insanlığına ilişkin önceden hazır edilmiş bir anlayış çerçevesinde yaklaşıyorsam ona, benden ne kadar farklı olursa olsun, benzerim olarak durur karşımda. Benimle aynı dindense, onu bir dinin üyesi olarak gördüğüm anda bana benzerim olarak görünecektir. Ama aynı zamanda insan olarak ve aynı dinin üyesi olarak bana ne kadar benzer olursa olsun, bir başka toplumsal sınıfa, bir başka konuma, bir başka etnik kökene sahipse benden başka biri olarak görünecektir. Hiyerarşi ilkesi ve komünoter ilke üstüne kurulu bir toplum içerisinde, başkasını deneyimlemek, öncelikle ve genelde, bir başkalık deneyiminden ayrı tutulamayacak bir benzeşimin deneyimidir. Varlığına ilişkin bir kavrayıştan yola çıkılarak ele alınan öteki, ister istemez birbirinden ayrılmaz bir biçimde benzer ve başka olarak görülecektir. Bu benzerlik ve bu başkalık, başkasını farklı bütünlüklerden oluşmuş bir toplama yerleştiren hazır bir anlamaya bağlı olduğundan dolayı mantıklıdır zaten.

Başkasının benzerliği ve başkalığı mantıklı olduğunda, göreceli de olur: Başkası şu ya da bu ortak aidiyete göre benzerimdir, onu doğal olarak tanımlayan ve bana doğal olarak yabancı gelen şu ya da bu aidiyete göre de benden başkadır. Başkasının benzerliği ve başkalığı mantıklı ve göreceli olduklarında, derecelendirilebildikleri ölçüde niteldirler: Hiyerarşi ilkesinin törelere egemen olduğu noktada, başkası başka bir sınıfa ait olduğu anda öteki olacaktır, ama bir de üstüne farklı bir etnik kökenden geliyorsa başkalığının derecesi daha da artacak, hele ki başka bir dindense daha da baskınlaşacaktır. Hayvanlar âleminin üyesi ya da insan türünün bir üyesi olarak, bir benzer olarak karşımdadır, ama bir de üstüne benimle aynı cinsiyettense benzerliği bir derece daha yükselecek, daha bir öne çıkacak, aynı dindense daha da yaygınlaşacak, bir de aynı sınıftansa daha bir bütüncüllük kazanacak, daha bir vurgulanacaktır. Ama bir aristokrasi içerisinde başkasının başkalığının yoğunluğu ne kadar güçlü olursa, ilk bakışta varlığına ilişkin bir kavrayış çerçevesinde değerlendirildiği ölçüde asla radikal olarak öteki gibi algılanmayacaktır. Hazır edilmiş bir kavrayışla algılandığında, başkası zaten bir anlam kuşanmış, yüklenmiştir, tanıdık bir bağlama yerleştirilmiştir.

İnsan deneyimi, evrensel ve özden uzak bir insanlığın ya da özde varolan ve özel bir insanlığın deneyimi olduğunda, benlik deneyimi kendince düşündüğünü, harekete geçtiğini ve hissettiğini hissetmeyen bir ben'in deneyimi olduğunda, öteki deneyimi mantıklı bir benzerlik ve başkalığın deneyimi olduğunda, insanlar hiç kuşku yok ki birbirlerine birey olarak gözükürler: Birbirleriyle bireysel ilişkiler kurarlar; ama öncelikle ve genelde, *benzersiz* bireylerden çok özel bireyler olarak karşılaşırlar, ve bundan böyle birbirlerine anonim bireyler gibi değil kişileşmiş bireyler gibi; keyfî bireylerden çok düzenlenmiş bireyler gibi gözükürler.

Her insan özel aidiyetlerine göre düşünme, hareket etme ve hissetme eğilimi gösterdiği ölçüde, kısacası, herkes kendisini tanımlayan aidiyetlerle kuşatıldığı ölçüde her birey özel bir birey olarak düşünme, hareket etme ve hissetme eğilimi gösterir. Her insan doğuştan gelen aidiyetleriyle belirlenmiş rolü doğal olarak oynamaya, sınıfını açığa vuran davranışları kendiliğinden benimsemeye, ait olduğu zümrenin yaşama biçimlerini içselleştirmeye, kısacası ne olması gerektiğine uyum sağlamaya, olduğu şeyle özdeşleşmeye yönlendirildiği ölçüde bir *kişi*'nin görünümünü almaya gidecektir. Daha yukarıdan gelen bir yasayla belirlenen bir düzeni (bir örgütlenme ve buyruklar) kabullenmeye yöneldiği için, her insan *düzenlenmiştir.* Hiyerarşi ilkesi üstüne kurulmuş toplumlar, özel kılınmış, kişileştirilmiş ve düzenlenmiş bireyler üretmeye yöneldikleri ölçüde, bireylerinin benzersizleşmesini bastırmaya ya da gizlemeye yönelmiş olurlar. Çünkü her benzersizleştirme özelliklerinden arınmış olmayı gerektirir. Özel kılma benzersizliğin ortadan kaldırılışını, benzersizleşmeyse özelliklerden arındırmayı nasıl beraberinde getirir? Özel bireyle benzersiz birey arasındaki ayrımı belirginleştirmeye çalışalım. Yalın ve somut şeylerden yola çıkalım. Çünkü bir şey, yalın ve somut bir şey, tıpkı bir insanoğlu gibi, sözcüğün en eski anlamıyla bir bireydir: Somut bir "atomik" bütünlük, tanınabilir, algılanabilir bir birlik oluşturur. Özel bir şeyi benzersiz bir şeyden ayıran nedir peki?

Özel ve Benzersiz

Ampirik bir şeyi algılamak, bireyleşmiş bir nesneyi algılamaktır: Bu iskemle, bu masa, bu kalem. Bir nesne bireysellik kazanarak belirir, çünkü öncesinde kendi adına ortaya çıkmaksızın varolduğu belirsiz bir fonda öne çıkarak algılara sunulur. Bir fonda öne çıkar ve bir şeyler arasında olmaktan kurtulur: Bu parça öncelikle bir bütünlük olarak çıkar karşımıza, kendisinden şu ya da bu nesneyi ayıran algılardan önce, bir şeyler bütünlüğü içerisindedir. İçerisinden bireyleşmiş bir şeyi çıkarıp aldığım şeyler bütünlüğünün kendisi de bir bağlama aittir, ki o bağlam da başka bütünlüklere gönderir. Kısacası, bir şey, sayesinde bir anlam üstlendiği pratik bir dünyada ortaya çıkarak bireylik kazanır. Öte yandan, bireyleşmiş nesnenin çelişkisi, bireyleşmesinin, birey olarak ortaya çıkışının, benzersizleşmesini beraberinde getirmiyor olmasındadır. Ortaya çıkışını sağlayan anlamın genelliği tarafından emildiği ölçüde bireyleşmiş nesne olarak algılanması benzsersizliğini öne çıkarmayacaktır.

Bireyleşmiş nesne önceden bir anlam yüklenmiş değilse algılanamayacak, çünkü önceden "şu" ya da "bu" olarak ortaya çıkmadıkça kendisini bireyleşmiş nesne olarak gösteremeyecektir. Asla çıplak değildir.[1] Şu mobilyayı algıladığım anda, etrafını çeviren öteki nesneler arasından sıyrıldığı ve bakışlarım ona sabitlendiği anda, bana bir çalışma masası ya da maun bir mobilya ya da ampir tarzı bir masa olarak görünür. *Aynı* algının, şimdi ve burada olduğu haliyle bu benzersiz mobilyanın algılanışının farklı anlamlara temel oluşturabileceğini söyleyebilir miyiz? Bir şey öncelikle "çıplak" olarak (algılanabilir, anlamsız bir arılık gibi, alınıvermiş bir veri gibi) belirmeli ki, sonrasında çeşitli anlamlar kuşanabilsin, kâh "şu", kâh "bu" olarak ele alınabilsin, diyebilir miyiz? Gerçekte, her türlü anlamın berisinde kalmış olması beklenen bir algı, henüz bir duyunun yönelimiyle harekete geçmemiş bir algı, bireyleşmiş bir şeyin algısı olmayacaktır. Bireyleşmiş nesne kendini verdiği anda, beliren şeye bir anlam yüklenmiştir zaten: Önceden alınmış anlamsız bir veriyi dönüştürmez, bağışı olanaklı kılar, bireyleşmeyi önceler. Birey-

1 Bkz. E. Husserl, *Recherches logique,* Recherche VI, böl. I., § 6.

leşmiş bir nesne olarak alımlandığı anda nesne her zaman için genel bir anlamla çıkar ortaya; ve içinde yer aldığı genellik, bakışa sunulmasına aracılık eden kavranabilirliği benzersizliğini boğmaya yönelir. Bu kalemi kalem olarak gördüğüm anda, elbette öteki hepsinden farklı olan bu kalemi tanırım, ama onda hedeflediğim şey *bir* kalemdir, bir başka deyişle bir kalem örneğidir ve bu haliyle öteki tüm kalemlere benzer yanıyla ortaya çıkmış olur. Farklı ifadelerle söyleyecek olursak, onu ancak kendisini öteki tüm kalemlere yakın kılan şemaya göre ele aldığımda bir kalem olarak tanırım: Benzersizliği, onu kalem olarak ortaya çıkaran şemanın arkasında silinip gider. Başka bir deyişle, her nesne algısı zaten bir sınıflandırmadır. Algılanan nesne örtük bir biçimde sınıflandırıldığı, "ne olarak" algılandığını belirleyen kavramın altında yer alan, aynı sınıfa ait öteki tüm nesnelerle özdeşleştirildiği anda, benzersizliğinden de arındırılmıştır zaten.

Gündelik yaşamda, alışılageldik nesneler daha ilk bakışta bir anlam taşıyor olurlar ve yararcı bir anlayış içerisinde yer alırlar. Onca siyah parça arasında kömürü tanımak, bir "ısınma malzemesi"[2] görmektir. Benzersizlik deneyimine asla ulaşamayacağımızı mı gösterir bu?

Her insan ait olduğu sınıfa göre, bir topluluğun üyesi olarak ortaya çıktığında, her insan bir bağlamdan gelen bir anlamı önceden kuşanmış olarak, "şu" ya da "bu" olarak önceden anlaşılmış biçimde gösterir kendini. Her insan tanımlanmıştır, ve yalnızca bu nedenle her insan bir kişi olarak ortaya çıkar, biçimlerle tanımlanmış bir birey olarak, özel bir birey olarak ama benzersiz bir birey olarak değil. Tıpkı bireyleşmiş bir şeyin kendisini çevreleyen dünya içerisinde anlaşıldığı gibi, ötekinin de benzersizliği içerisinde algılanamayacağını söyleyebilir miyiz? Ancak önceden anlaşılmışsa, ancak önceden bir bağlama yerleştirilmişse, ancak önceden benzersizliğinden arındırılmış olursa birey olarak ortaya çıkabileceğini söyleyebilir miyiz? Soyut bir birey olarak algılanamayacağını çünkü her za-

2 E. Husserl, *Ideen zu einer Phänomenologie und phänomenologischen Philosophie.* Zweites Buch: *Phänomenologische Untersuchungen zur Konstitution, Husserliana IV*, La Haye, M. Nijhoff, 19512 § 50 *(Recherches phénoménologiques pour la Constitutio,* çev. E. Escoubas, PUF, 1982, s. 264).

man için "şu" ya da "bu" olarak, bir ebeveyn, tanımadık biri ya da bir yabancı, bir dost, bir düşman, yoldan geçen biri; bir erişkin, bir ihtiyar ya da bir çocuk; bir çalışma arkadaşı ya da bir rakip olarak algılandığını söyleyebilir miyiz? Joseph de Maistre'in ardından, bir insandan başka şey olmayan bir insanın, artık insan olmadığını söyleyebilir miyiz?

Bireyleşmiş bir nesne algısı, algılayan bakış, algılanabilir nesnenin "ne olarak" algılandığını belirleyen bir kavram tarafından yönlendirildiği ölçüde, nesnenin benzersizliğini silip götürecektir. Peki yalın bir biçimde, kavramlaştırmadan algılayamaz mıyım? Ampirik bir nesne önceden sınıflandırılmadan, genel bir anlam yüklenmeden, özel bir bağlama oturtulmadan algılanamayacaktır elbette. Peki ya renkler, sesler, kokular? Gözlerimin önündeki kırmızının, bana *kırmızı olarak* göründüğü anda, benzersiz bir duyum olmaktan çıktığı doğrudur. Onda bir kırmızıyı gördüğüm anda, algıladığım *bir* kırmızı olur, uyandırdığı çeşitli benzersiz duyumlar aracılığıyla, üzerine vuran ışığın çeşitlemeleri yoluyla *aynı* kırmızı olarak kendini dayatan bir kırmızı, önceden bir anlam yüklenmiş ve bu yolla, birbirine karışan kültürel ya da simgesel yananlamların çakışımını üstlenmiş[3] bir kırmızı. Kavram-öncesi deneyim nedir bilemeyecek miyiz peki?

"Bu bana hoş geliyor" ya da "Bu bana hoş gelmiyor" diyen duyuların yargısında, algılanan ve düşünülen bir "bu" vardır çünkü yargı vardır ve yargılayan düşünce, "bu" ile, hoş bulunan ya da bulunmayan şeyle hoş olan ya da olmayan duyum arasındaki bağı kuran düşünce bana her türlü kavramın dışından gelen bir düşüncedir, hiçbir kavramsallaştırma gerektirmeyen, hiçbir duyu ereği içermeyen bir düşünce, kısacası bedenin bir düşüncesidir. İnsan bedeni kendisini tatmin edecek ya da eksikliğini hissettirebilecek olana karşı kökten bağımlılığını duyumsadığı ölçüde, hoş ya da nahoş bulduğu şeyin dışardalığına açılmış bir bedensel düşüncedir. Yine de şeyin kendisinin *tetiklediği* bu bedensel düşünce bedenin tutsağı olarak kalır. Şeye kendisi için uygun düşmekte zorlandığı ölçüde tutsaktır: O şeyi ilk elde, tetiklediği duyumsal etkilere uygun

3 Bkz. M. Merleau-Ponty, *Le visible et l'invisible*, Gallimard, 1964, s. 173-174.

düşürmeksizin, onu, uyandırdığı zevk ya da ıstırap içerisinde eritmeksizin yakalayamaz. Kısacası, duyuların yargısı, yargılanan şeyin benzersizliğine yabancı kalır, çünkü onu yalnızca kendisi olduğu için karşılayamaz. Duyular yargılamadan karşılayabilirler mi?

Bir duyu kaybı, alışılageldik anlamların yok oluşu deneyimi de insani bir deneyimdir. Tanıdık yabancıya dönüşebilir ve tüm nirengi noktaları silinip gidebilir. Ama bir boşluk deneyimi ya da ham varlık deneyimi olarak yaşanmış olsun, duyu kaybı, nirengi noktalarının dağılışı deneyimi her zaman için şeylerin bireysellikten çıkışını deneyimlemektir. Benzersizlik deneyimine asla ulaşamayacağımız anlamına mı gelir bu?

Kant'ın betimlediği gibi, benzersiz, estetik deneyim içerisinde duyulabilir. Düşünen estetik yargı, belirli bir kavram tarafından yönetilmediği, yararcı bir son ya da amaç tarafından yönlendirilmediği, fiziksel gereksinimlere ya da arzulara bağımlı olmadığı sürece benzersizliğe açıktır. Bedensel bir düşünceden, duyulardan, ama yarar gözetmeyen, bundan böyle özgürce düşünebilecek bir bedensel düşünceden alır kaynağını: Belirlenmiş bir kavram yoktur, yararcı bir amaç yoktur, her türlü onaydan bağımsızdır. Sanat yapıtı benzersiz olarak ele alınabildiğinde evrenselliğe açılır: Tarihsel, kültürel ya da psikolojik bir bağlama indirgenemez gözüktüğünde, pratik ya da yararcı bakış açılarından kurtulduğunda, sağladığı esenliğe bağımlı kılınamadığında evrenselleşir. Her büyük yapıt evrenselle benzersiz olanın tuhaf bir birleşimini sezinletir.

Başkalarıyla her türlü içermenin berisinde, belirli bir kavramın altında, başkasını bir araca indirgeyebilecek her şeyin dışında, her türlü dünyevi arzudan bağımsız ilişki kurulabilir mi? Bu ilişki her türlü tanıma amacından, her türlü yararcı kaygıdan, her türlü esenlik arayışından önce kurulur mu? Kısacası, çıkarsız, dolayısıyla özgür olabilir mi? Bu da bizi şöyle bir soruya getiriyor: Öteki deneyimi, tıpkı estetik deneyim gibi, benzersizliğin evrensel deneyimi olabilir mi?

Hiç kuşku yoktur ki, bir insan bedeni güzelliğiyle çarpıcı geldiğinde, benzersizliği içerisinde algılanır: Düşünen bir estetik yargıya göre karşılanır. Ama bakılan şey benzersiz beden biçimi olduğunda başkası insanlığı içerisinde algılanmaz elbette. Bir yüz benzersiz görünür bize, ama insanlığından bağımsız algılanır, hatlarına, göz rengine, saçların kıvrımlarına, burnun biçimine ya da yanakların rengine hayranlık duyularak plastik bir biçim olarak incelendiği anda, Lévinas'ın altını çizdiği gibi, bir insan yüzü olarak anlamını yitirir. Yine de modern çağın başlangıcında gündelik yaşamda başgösterdiği gibi, benzer olarak öteki deneyimi başkalarını özel kılmadan insanlığı içerisinde karşılar, onları insanlıklarından ayrı tutmadan benzersizlikleri içerisinde ele alır.

Demokratik Dünya Deneyimi

Hiyerarşiler doğal olmaktan çıktığında, yetke kutsallığını yitirdiğinde, bireyler birbirlerinden bağımsız olmaya başladıklarında gerçekleşmeye başlayan dünya ve insan deneyimine gelelim.

Koşulların eşitliği, insan özerkliği, bireysel bağımsızlık, XVIII. yüzyılın ikinci yarısında birlikte yaşamanın kurucu ilkeleri olarak açıkça talep edilmiş ve tanınmış, Amerikan ve Fransız Devrimi kaynaklı Anayasalarda yer almıştır. Bu arada siyasi bir tasarı içerisinde açıkça kabul edilmeden önce törelere girmiş, insan ilişkilerini yapılandırmaya başlamışlardır. Eşitliği, özerkliği ve bireysel bağımsızlığı ortak yaşamlarının ilkeleri olarak oturtma girişiminden önce, insanlar birbirlerini eşit olarak algılamaya, özerk bir biçimde davranmaya başlamışlardır. Eşitleşmeleri örtük bir biçimde, kimi geleneksel hiyerarşilere karşı gelinmesiyle başlamıştır; özerkleşmeleri yetke gerekçesinin giderek sorgulanır olmasıyla yavaş yavaş gerçekleşmiştir; bireysel bağımsızlıkları kimi kişisel bağımlılık ilişkilerinin reddedilmesi sayesinde yavaş yavaş ortaya çıkmıştır. Geleneksel hiyerarşilerin, yetke gerekçesinin, kimi kişisel bağımlılık ilişkilerinin topluca ve büyüyen bir tepkiyle yok sayılması, koşulların eşitliğinin, insan özerkliğinin, bireysel bağımsızlığın yavaş yavaş fethedilmesinin olumsuz ve görünen yüzü gibi olmuştur. Bu itiraz töreler içerisinde kendini göstermeye, gündelik tutumları canlandırmaya, modern çağın başlangıcından itibaren birlikte yaşama ilişkilerini dönüştürmeye başlamıştır. Hiyerarşilerin, topluluk bağlarının doğallıktan, yetkelerin de kutsallıktan arındırılmasını gerektirmiştir. Hiyerarşik ve komünoter düzenin bu şekilde doğallıktan ve kutsallıktan arındırılması da gündelik yaşam içerisinde, yeni bir dünya ve insan deneyiminin kökeninde yer alan bir benzer olarak öteki deneyimine bağlıdır.

Hiyerarşik ve komünoter düzen doğal olmaktan çıktığında, "doğası" kökten değişmiş görünür: Üyelerinin gözüne ilk kez geleneksel ve alışılageldik bir düzen gibi görünür. Gelenek, dünyanın doğal düzeninin doğal bir aktarımı gibi değil de, ilk kez basit bir gelenek (tüm ötekiler arasında bir gelenek) gibi, törelerse ne olduğumuza ve ne olmamız gerektiğine uygun düştükleri için doğal gelen âdetler gibi değil de, ilk kez töre (tüm ötekiler arasında bir töre) gibi ortaya çıkar da diyebiliriz. Aynı hamleyle, doğal sayılanın –doğanın, doğadan gelen ve kaynağı doğada olmayanın– belirlenmesi de derinden değişime uğramıştır. Hiyerarşik ve komünoter düzen doğal düzenden ayrıştığında (doğal olmaktan çıktığında), ayrıştığı doğal düzen, daha doğrusu ortaya çıkan doğal düzen, ayrışmadan önceki doğallık anlamında doğal görünmez artık. Doğal görünür ama doğal kabul edilen doğa doğaüstü değildir artık, sarmalayıcı da değildir, kuralcı da.

Dünyevi yetkeleri birer aylayla süsleyen kutsallık yavaş yavaş dağılmaya başladığında, derebeylik hiyerarşileri doğallıktan sıyrılmaya, insani bir kökeni sezdirmeye başlamışlardır. En üstün güçlerin bu dünyadaki temsilcileri sayılanların gücü, saygınlığı, parıltısı ya da şanıyla ışıldıyor görünen, meşru sayılan her yetkede açığa çıktığı varsayılan tanrısal güçlerin varlığı aldatıcı bir sahnelemenin etkisi gibi gözükmeye başlamıştır; üstün olanların üstünlüğünün somut göstergeleri gösterişçi bir debdebenin, uzlaşımsal bir dekorasyonun, köhnemiş bir şatafatın keşfedilmesini sağlamıştır. Kısacası, her yetkenin sözde tanrıyla arasındaki varsayılan bağ koptuğunda, hiyerarşik ve komünoter düzen doğallıktan çıkarılabilmiştir. Törelerin doğallıktan, yetkelerin de tanrısallıktan çıkışı aynı anda hissedilmiştir. Oysa geleneksel hiyerarşilere inançlarını kaybeden insanlar, tanrı hiyerarşik ve komünoter örgütlenmelerinden geri çekildiğinde, sanki tanrı doğadan da (dünyanın doğal düzeninden de) geri çekilmiş gibi hissetmişlerdir, çünkü bu örgütlenme onlara öteden beri dünyanın doğal düzenine kök salmış gibi görünmüştür. İşte bu anlamda, insanlar birbirlerini eşit kabul etmeye başladıklarında gerçekleşen deneyim yetkelerin doğallıktan çıkışının deneyimidir, ama aynı zamanda doğal düzenin de tanrısal olmaktan çıkışının, dünyanın büyüsünden arınmasının deneyimidir. Yetkeler tanrısallıklarını yitirdiklerinde, her türlü doğaüstü mevcudiyetten sıyrılan doğal düzen, öte dünyadan kopan dünya, kendini görünmezden koparmış bir görünürlük çıkar karşımıza.

Dünyanın tanrısallıktan sıyrılışının, bu dünyanın büyü ve kutsallıktan arınmasının etkisiyle, tanrı ve öte dünya deneyimi, en azından toplumsal duyarlılık tarafından hissedildiği ya da kamuoyu içerisinde kesinlendiği biçimiyle, derin bir dönüşüme uğrar: İlk kez, sözcüğün tam anlamıyla bir öte dünya deneyimi olur. Bundan böyle ampirik olarak bu dünyada olmadığından, öte dünya öncelikle ve genelde, öte dünya gibi, yaşadığımız dünyanın ötesi gibi anlaşılır ya da hissedilir olur. Öte dünya, öbür dünya, içinde yaşadığımız dünyanın ötesine çekilir, daha doğrusu insanlığın dünyasının ötesine, insanların deneyim yaşayabilecekleri tek dünyanın ötesine çekilir. Dünyamıza yansıyan bir dünya gibi yaşanmadığı andan itibaren, öte dünya bir arka dünya gibi hissedilmeyecektir artık. "Arka-dünya" olarak "hakikat-dünyası", Nietzsche'nin deyişiyle, bir "masal" olur çıkar: Öte dünya bir arka dünya gibi, bir başka dünya gibi değil, yalnızca dünyanın bir ötesi olarak alınır ve bu çıkışla, dünyamız, insanlığın dünyası bu dünya gibi algılanmaz, artık tek bir dünya vardır çünkü. Burada, hiyerarşiler doğal olmaktan çıktığında, öte dünyanın insan deneyiminden silinmeye başladığı sonucunu çıkarabilir miyiz?

Dünyanın tanrısallıktan arınması, öte dünya deneyiminin yok oluşunu, din duygusunun silikleşmesini kesinlikle beraberinde getirmemiş, ama dinsel inançlarda derin bir dönüşüme kesinlikle yol açmıştır. İnananlar arasında öte dünyanın dünyanın ötesi olduğu, işin doğrusu görünmezin görünmez olduğu ve bunun sonucunda Tanrı'nın ilkece her türlü insan bilgisinin dışında kaldığı fikrini ya-

yar. Yetke gerekçesinin reddedilmesi, XVI. yüzyılda çok tehlikeli görünmüşken,[4] Descartes tarafından bir ilke olarak düzenlendiğinde hâlâ bozguncu sayılmışken, XVIII. yüzyılda törelere sızar[5] aynı şekilde, Tanrı'nın tanınamayacak olması, Kant ve Fichte tarafından dile getirildiğinde hâlâ tanrıtanımazlığın bir ifadesi sayılırken, kamuoyundaki yerini alır ve XIX. yüzyılın başından itibaren kabul görmüş bir fikir olur. Hegel içerlediği bu durumu açık seçik saptayabilmiştir yine de: "Tanrı hakkında hiçbir şey bilemeyeceğimizi, onu tanıyamayacağımızı ileri süren öğreti, zamanımızda bütünüyle kabul görmüş bir gerçek, kesinlenmiş bir şey –bir tür önyargı– olup çıkmıştır."[6] Öte dünyanın dünyanın ötesi olarak, Tanrı'nın varlığının görünmez bir varlık ya da algılanabilir bir yokluk olarak görüldüğü noktadan sonra, Tanrı'ya ilişkin hiçbir şeyin insan tarafından tanınamayacağı, meleklerle azizlere tapınılan bir inancın hakiki dinden çok boşinançtan kaynaklandığı inananlar için bile su götürmez bir gerçek olmuştur. İnsanların birbirleriyle kurmaya başladıkları eşitlik ilişkileriyle gerçekleşen modern dünya deneyimi, öte olarak (dünyanın ötesi olarak) öte dünya deneyimine ve bundan böyle kutsal karşısında büyülenme sürecinden, boyun eğdirmeye yönelik algılanabilir aracılıklardan sıyrılmış bir öte dünyayla ilişkiye yol açmış olabilir. Arı, özgün din, başlangıçta yer almak şöyle dursun, arkaik dünya içerisinde en eksiksiz haliyle yayılmak şöyle dursun, öte olarak öte dünya deneyiminin Tanrı'yı dünyadan yola çıkarak tasarlayamayacağımızın düşünülmesine yol açmasıyla birlikte ancak modern çağın başlangıcında tüm açıklığıyla ortaya çıkmış olabilir. Heteronomi ilkesi, göklerde olduğu gibi yeryüzünde de hüküm süren göksel bir Despot fikrine, yalnızca kendisini teslim edip ona hizmet edenleri koruyan bir Tanrı fikrine, her türlü meş-

4 Luther'in "yenilikçilikleri", diye yazıyordu Montaigne, "tiksinç bir tanrıtanımazlığa" varacak "bir hastalık başlangıcıdır", çünkü "cahilleri" "kendi kararını araya sokamadığı ve kişisel rıza göstermediği hiçbir şeyi kabul etmemeye itecektir", *Essais* (Denemeler), İkinci Kitap, XII. Bölüm, "Apologie de Raimond Sebon", Gallimard, "Folio", s. 139

5 Kuşkusuz Montaigne'in tahmininden esinlenen Tocqueville'in belirttiği gibi, Luther "dinsel fikirler çemberine" Descartes'ın her alana uygulanmasını önerdiği (kendiliğinden yargılamak) ve Voltaire'in döneminde "topluma sızmak üzere bir anda okullardan çıkan yöntemi" getirmiştir (*De la démocratie en Amérique*, II, 1, Bölüm I).

6 F. Hegel, *Leçons sur la philosophie de la religion*, Birinci Bölüm, Giriş, çev. Pierre Garniron, PUF, 1996, s. 5.

ru yetkenin kaynağı olan bir Tanrı fikrine, öfkeli ve intikamcı bir Tanrı fikrine yol açtığı sürece, fanatikliği ve boşinancı beraberinde getirmemesi düşünülemez bile. Kant'ın belirttiği üzere, köle itaati talebi olarak alınan heteronomi ilkesi dinin kurucu ilkesi olmaktan çok onun çürümesinin ilkesidir belki[7].

Dünya tanrısallıktan arınmaya, her türlü doğaüstü güçten kurtulmaya başladığında, hiyerarşik ve komünoter düzen doğal olmaktan çıkar ve bu noktadan sonra gelenek basit bir gelenek olarak, töreler basit töreler olarak alınır: Olağan ya da uzlaşımsal, alışılageldik yaşama biçimleri gibi. Bundan böyle dünya düzeni ve birlikte yaşama düzeni birbirinden radikal olarak ayrı ve ayrışık iki düzene bölünür. Bir yanda, insan eyleminin etkisiyle varlık bulan bir düzen, birlikte yaşama düzeni vardır, kendiliğinden gerçekleşen bir düzen değildir, üyelerinin süreğen etkinliğiyle ayakta kalır, kısacası, temelde kendisini oluşturan insanlara, onların eylemlerine, kararlarına, girişimlerine, onaylarına bağlıdır. Öte yanda da, birlikte yaşama düzeninin tersine (ama hiyerarşik ve komünoter düzen kendisinden ayrışmadan önce dayatıldığı biçimiyle doğal düzen gibi) bir düzen, doğal düzen sarsılmaz bir biçimde ayakta durmayı, kendiliğinden gerçekleşmeyi, bizim kararımız ya da isteğimiz ne olursa olsun olması gereken ne ise o olmayı sürdürmektedir. Doğal düzen birlikte yaşama düzeninden radikal bir biçimde ayrıldıktan sonra, doğa artık nesnel ve dışsal görünecektir. Sarmalayıcı hissedilmeyecektir artık. Onu dizgesel olarak tanıma ve teknolojiyle zaptetme fikri anlam bulabilecektir.

Hiyerarşik ve komünoter düzen doğal düzenden koptuğunda, doğal olarak ortaya çıkan düzen kuralcı gözükmeyecektir artık. Çünkü dünyanın doğal düzeni, hiyerarşik ve komünoter bir düzeni sarmaladığı ölçüde kuralcı gözükmüştür. Doğa nesnel, insana özgü yaşama biçimlerinin dışında bir alanla sınırlandıktan sonra, insanlara özlerinde ne olduklarını da, ne olmaları gerektiğini de söylemeyecektir artık. Tuhaf bir biçimde sessizleşecektir. Hiyerarşi ilkesi üstüne kurulmuş bir toplum içinde doğa olarak algılanan doğanın tersine, insanların birbirlerini eşit görmeye başladıklarında de-

7 Bkz. *Critique de la raison pratique*, Sonuç bölümü ve *Critique de la faculté de juger*, §28.

neyimlemeye başladıkları doğa kuralcı boyutunu yavaş yavaş yitirir, bunun sonucunda da kural sayılmış kurallar yavaş yavaş her türlü doğal boyuttan sıyrılırlar.

Demokratik İnsan Deneyimi

Hiyerarşiler doğadan, yetkeler Tanrı'dan koptuğunda, komünoter bağlar gevşediğinde, insanlar dünyayla öte dünya, doğayla kural, hatta dünyanın kendisi içinde doğal düzenle birlikte yaşama düzeni arasında bir ayrımı gerçekleştirebildiklerinde, yeni bir dünya deneyimi oluşur. Öte yandan, yeni bir doğa, öte dünya, zaman ve iktidar deneyiminden ayrı düşünülemeyecek bu yeni dünya deneyimi, insanlığımıza, kendimize ve ötekine dair yeni bir deneyime bağlıdır.

Hiyerarşik ve komünoter düzen doğal olmaktan, dünya düzeni tanrısal olmaktan çıktığında, insanlara bir sınıf atfetmiş, ayrıcalıklar ve zorunluluklar yüklemiş, özel yaşama biçimleri dayatmış doğuştan gelen aidiyetler zorunlu ve kuralcı olmaktan çıkarlar: Özümüzde ne olduğumuzu, doğal olarak ne olmamız gerektiğini belirlemezler artık. Aidiyetler yine doğal olarak, doğuştan gelen aidiyetler olarak dayatırlar kendilerini, bir ırka, bir cinsiyete, bir türe ait olmak gibi, ama artık özümüzü belirleyen (özde ne olduğumuzu oluşturan) aidiyetler olarak, kuralcı görünümleriyle (nasıl yaşamamız gerektiğini söylemezler artık) çıkmazlar karşımıza. Alışılageldik yaşam biçimleri (töreler, âdetler, gelenekler) ne olduğumuzu açığa vuran şeyler değillerdir artık, varolmanın ve birlikte varolmanın çeşitli olumsal biçimleri, insana özgü bir kökenin görülmesini sağlayan çeşitli özel biçimler olarak karşımıza çıkarlar. Herkesin içindeki insanlık her türlü özel aidiyetten daha kökensel, özümüzü oluşturan bir kavram olarak hissedilir. İnsanlığa aidiyetimiz dışında artık hiçbir aidiyet özümüzü belirlemez, bu arada özümüzü belirlediği varsayılan evrensel insanlık artık doğal sayılmaz. Her insana bir doğa gibi verilmişçesine dayatmaz kendisini: Her insanın insan olarak özünde ne olduğu ve ne olması gerektiği doğal yaşama biçimleri aracılığıyla gerçekleşmez ve kendini göstermez. Herkesin içindeki insanlık doğal olmaktan çıkar ve hatta bu yolla gizlenir. Evrensel ve özde varolan insanlığımız gizlenir ve aynı zamanda herkese kuralcı yanıyla gösterir kendisini. İnsanlık her türlü özel aidiyetten daha öze ilişkin bir şey olarak algılandığında, insanca yaşama biçimlerinin kaynağı olarak algılandığında, insanın özerkliği fikri kendini dayatmaya başlar ve buradan da başkasını bir insan olarak, bir başka deyişle özerk bir varlık olarak görme zorunluluğu da ister istemez kendisini hissettirmeye başlar. Alışılageldik yaşama biçimleri basit töreler olarak, herhangi bir geleneğe bağlı olarak ortaya çıktığında, her insana insan olarak, Kant'ın sözleriyle "asla basit bir araç olarak değil, ama aynı zamanda hep bir amaç olarak" yaklaşma zorunluluğu, her ne kadar anlaşılmaz görünse de, somut eyleme geçtiğimizde ne kadar anlamdan boş görünse de, bütün alışkanlıkları, bütün uzlaşımları, bütün gerçekçi kuralları aşan bir ilke olarak (her türlü hesabın, uslamlamanın öncesinde) hemen kendini gösterecektir. Bir âdet ya da gelenekten almaz kaynağını, bir sözleşme ya da gerçek bir kuraldan doğmaz, her türlü insan kararından daha üstün bir yerden gelir, her türlü bireysel ya da toplumsal istenci aşar ve bu arada, her türlü dinsel vahiyden ayrılır. Arı ahlak anlayışı olarak ahlak anlayışı, her türlü dinsel temelden koptuğu, aynı anda da bireylerin ya da toplulukların törelerini, âdetlerini, sözleşmelerini aştığı ölçüde kendini gösterir. Doğal ve kuralcı olanın bölünmesiyle bağlantılı dünya ve öte dünya bölünmesi deneyimi, kuralcı olanın ortasında gerçekleşen bir bölünme deneyimini beraberinde getirir, bir yandan törelerin, âdetlerin, sözleşmelerin, gerçek yasaların biçimlendirdiği olumsal kurallar, bir yandan da her türlü yararcı, hesapçı değerlendirmenin öncesinde yer alan, hiçbir kuramsal uslamlamadan türememiş, arı ahlak anlayışından doğmuş, her insanı aşan bir insanlığın getirdiği, insanı bir amaç olarak sayma zorunluluğunu belirleyen buyurgan bir dinsel yasa arasındaki bölünmedir bu. İnsanların birbirlerini eşit ve özerk hissetmeye, böyle görmek istemeye başladıklarında gerçekleşen insanın insanlığı deneyimi, dinsel temelli olmayan bir öte dünya deneyimidir: Bir gelenekten ya da bir sözleşmeden, bir karar ya da bir iktidardan çıkmayan bir buyruğun karşılanması.

Ahlaksal yasanın (her türlü dinsel kaynaktan bağımsız, olumsal yasalardan ayrılmış) kendisini zorla dayattığını (her türlü hesabın, her türlü uslamlama ve düşünümün öncesinde) söylemek, her türlü dinsel ya da komünoter bağımlılıktan kurtulmuş ahlâksal eylem, herkesin içinde varolan insan onuruna etik bir duyarlılığı zorunlu kılıyor demektir. Ahlaksal düşünme süreci (böyle koşullarda, belli bir durumda nasıl davranmalı) ahlak duygusunu, yalnızca kendi hazlarımın peşinden gidersem kendim olmaktan çıkarım, olmam gerekeni olmaktan çıkarım gibi dolaysız (üzerine düşünülmemiş) bir inanışı gerektirir. Dinsel yasalardaki tanrısal kaynak ilkesinin, meşru yetkelerin dinsel temeli ilkesinin egemen olduğu bir dünyada, ahlaksal düşünme süreci etik bir duyarlılık gerektirmektedir kuşkusuz. Özde varolduğunu düşündüğü aidiyetlere sadık kalmazsa kendisi olamayacağı yolunda bir inanç her insanı harekete geçirir. Ama aristokratik yönetim biçiminde kurulmuş etik duyarlılık hiçbir şekilde insanın kendisine yönelik etik bir duyarlılık değildir. İnsan özerkliği fikri kendini hissettirdiğinde, ahlaksal düşünme süreci, özerk bir varlık olan herkesin içinde olan insanlığa yönelik bir duyarlılık içerisinde, kendi'nin (benzersiz ben olarak ben'in) karşısında ya da aracılığıyla dolaysızca sorumluluk hissetmesine neden olan bir insan onuruna duyarlılık içerisinde kök salar. Törelerin demokratikleşmesi yeni bir etik duyarlılığın kökeninde yer alır, merhamet duygusunun modern anlamda doğuşu bunu doğrular: Töreler demokratikleştiğinde, dayanılmaz hissedilen yalnızca kimi insanların ıstırabının izlenmesi değildir, yabancı, mahkûm ya da düşman olsun, herhangi birinin ıstırabının izlenmesidir.[8]

İnsanlara bir sınıf atfeden aidiyetler doğal (doğaüstü ve kuralcı) hissedildiğinde, artık basit alışkanlıklar gibi ortaya çıkmayan alışılageldik tutumları doğallaştırmaya yönelirler. Alışılageldik yaşama biçimleri, değişebilen usullerin ortak özlerini açığa vurmaları gibi, doğal aidiyetleri ifade eder görünürler. Doğal kabul edilen aidiyetler gündelik biçimler aracılığıyla dile geldiğinde, öznelliğin kendisini yutmaya yönelirler. Hiyerarşi ilkesinin egemen olduğu bir toplumun üyelerinin yaşadığı kendilik deneyimi, öncelikle ve genel-

8 Bkz. A. de Tocqueville, *De la démocratie en Amérique*, II, III, I. Bölüm.

de, doğal ve özde varolan aidiyetlerle kuşatılmış bir kendi'nin deneyimidir: Düşünme, isteme ve hissetme biçimleri doğal aidiyetlerin belirtileri gibi hissedilir. Buna karşılık, birbirlerini eşit sayan insanlar, özerk ve bağımsız hisseden ve bunu talep eden insanlar, kendilerini tanımlayan aidiyetler içerisinde yutulma duygusunu hissetmezler: Her insan kendisini önlenemez bir biçimde olduğu şeyin berisinde hisseder. Kısacası, her insan kendisini özne hisseder – ve bu yolla özne olur. Tam anlamıyla benlik bilinci olarak alınabilecek bir bilinç anlamında özne, istediği şeyin egemen kaynağı olan bir istenç anlamında özne değildir elbette. Öznelliğinde düşüncelerinin ve yargılarının kaynağını bulan, öznellik anlamındaki özne de değildir. Her insan, yalnızca şu ya da bu özel aidiyete, şu ya da bu eğilime bağlı olarak değil, kendiliğinden düşünerek, yargılayarak, harekete geçerek ve hissederek benlik duygusunu kazandığı ölçüde her insan kendisini özne olarak deneyimleyecektir.

Geleneksel hiyerarşilere toplu bir itiraz, insanların eşitlenmesini sağlamış bu itiraz, hiyerarşilerin doğallıktan kopmasını gerektirir ve beraberinde getirir; yetke gerekçesinin toplu sorgulanışı, insanların özerkleşmesini sağlamış bu sorgulama, yetkelerin tanrısallıktan kopmasını gerektirir ve beraberinde getirir; kişisel bağımlılık bağlarının reddedilmesi, insanların birbirinden bağımsız olmasını sağlamış bu reddetme komünoter bağların gevşemesini ve doğallıktan kopmasını gerektirir ve beraberinde getirir. Öte yandan, hiyerarşilerin doğal, yetkelerin kutsal olmaktan çıkması, benzer olarak öteki deneyimi kurulmadan gerçekleşemezdi. Kuşkusuz, insanların birbirlerinde kendilerini tanıyabilmeleri, insan olarak benzer olduklarını keşfetmeleri için birbirlerini eşit olarak görmeleri, özerk ve birbirinden bağımsız varlıklar olarak algılamaları gerekmiştir. Ama hiyerarşilerin doğal hiyerarşiler olarak, yetkenin nihai gerekçe olarak, toplulukların kuşatıcı olarak sorgulanması, bu sorgulama, öncesinde her birey örtük bir biçimde ötekini insan olarak bir benzeri gibi kabul etmeseydi, törelere yayılamaz, insanları birbirini eşit, özerk ve bağımsız görmeye götüremezdi. Başlangıçta yer alan bu örtük "başkasının benzerliği" deneyimi ya da başkasının insanlığının fenomenolojik deneyimi insanlık kadar eskidir kuşkusuz. Ama hiyerarşinin insan ilişkilerini yapılandırdığı yerde, yetkenin kutsallaştırıldığı yerde, bireylere özellikler yüklemenin, bireylerin kendilerini tanımlayan aidiyetler içerisinde sarmalanmasının resmi bir talep olarak gelişiyle birlikte benzersizleşmenin gizlendiği ya da yadsındığı yerde hiçbir zaman sağlamlaşıp törelere yayılamamıştır. Fenomenolojik öteki deneyimi hangi anlamda bir benzeşmenin deneyimidir peki?

İnsanlar birbirlerini insan olarak gördüklerinde birbirlerini benzer algılarlar. Özel aidiyetleri göz önüne almadıklarında birbirlerini insan olarak kabul ederler. Her türlü özel aidiyetin bu şekilde ayraç içine konması, ötekinin belirli bir evrensel kavram altında, insan kavramı altında düşünülerek ele alındığı anlamına gelmez mi? İnsan olarak birbirlerini benzer gören insanlar, köpek olarak birbirlerine benzer köpekleri algıladıkları şekilde, insan olarak birbirlerini benzer algılarlar mı?

Kant'ın açıklığa kavuşturduğu gibi, bir şeyin ampirik algısı salt duyulur değildir çünkü şeyi kapsayan ampirik kavramı, dolayısıyla anlama yetisinin müdahalesini var sayar, ve yalnızca yargılama yetisinin icrasını, dolayısıyla imgelemi var sayar. Bu köpeği *bir* köpek gibi algılayabilirim, herhangi bir köpeği köpeğe benzer olarak (köpek cinsinin bir üyesi gibi) görebilirim, onu öteki tüm köpeklerle yakınlaştıran şemayı genel çizgileriyle oluşturup bu dört ayaklının figürünü çizebildiğim ölçüde yapabilirim bunu. Ki bu da, diye açıklık getirir Kant, imgelemin ampirik veriyle sınırlandırılmamasını gerektirir: "Köpek kavramı, imgelemimin bir dört ayaklı figürünü, deneyimin bana sunduğu birkaç özel figürle, hatta *in concreto* sunabileceğim olası birkaç imgeyle sınırlanmaksızın genellik boyutu içerisinde çizmemi sağlayan bir ön kuralı ifade eder.[9] Kant şunları ekler: Anlayış yetimizin fenomenler ve onların basit biçimlerine göre bu şematikliği, olanca çıplaklığıyla gözlerimizin önüne serilmeleri için gerçek mekanizmalarını (*Handgriffe*[10]) doğadan hep zorlukla çekip çıkaracağımız gizli bir sanattır." Ampirik tanıma, im-

9 E. Kant, *Critique de la raison pure*, A 141, B 180, çev. Alain Renaut, Aubier, 1997, s. 226.
10 *Der Handgriffe* manevrayı, el çabukluğunu, el çabukluğunu ya da âmiyane tabirle marifeti ifade eder.

gelem ampirik bir veriyle sınırlanmadan imge kurabilme yetisi, köpeğe benzer köpek görme vergisi bir "gizli sanat", "doğal" bir vergi, baştan sona cereyan edişi düşünme sürecinin elinden hep kaçıp gidecek bir yordamdır, ama insana benzer insan görme vergisi, "belki doğaüstü"dür diye yazar Lévinas.[11] Ötekinin benzer olarak fenomenolojik algısı "doğaüstü" görünür çünkü her "şey" algısı gibi, bir evrenselin duyulur bir algısı değildir yalnızca, ama bunun dışında, belirlenmiş hiçbir kavramı var saymaz. Sanki duyularımız, dolaysız karşılama yetileri içerisinde, önceden tanınmış bir kavrama başvurmaksızın, bir anlam ya da evrensel bir anlamı karşılayabilirmiş gibi. İnsanlar kendilerini tanımlayan aidiyetler tarafından sarmalanmaya izin verdiklerinde, her insanın özünde varolan bu vergi, icrası esnasında engellenir.

Benzer olarak ötekinin fenomenolojik algısının önceden belirlenmiş hiçbir kavramı var saymadığını söylemek, başkasının benzerliğinin fenomenolojik algısının mantıktan ileri gelmediğini söylemektir. Kuşkusuz, başkalarının "insan olarak" bir benzer gibi algılandığını söylüyoruz. Ama bu yalnızca bir ifade biçimi. Çünkü insan olarak öteki'ne, bir köpek gördüğümde o hayvana köpek olarak göz dikişimdeki anlamıyla *göz dikilmemiştir.* Çünkü öteki insanda algılanan insanlık kavramdan kaynaklanmaz, hiçbir ön hedeflemeye bağlı değildir. Benzerin fenomenolojik algısı bir insanda onu öteki tüm insanlarla benzer kılan ampirik çizgileri görmeye dayanmaz. Bu algı öteki insanda ne bir modelin örneğini, ne bir cinsin üyesini ne de bir türün öğesini tanır. Onda hiçbir aidiyet görmez. Daha doğrusu, hiçbir şey tanımaz: Daha önce tanımış olduğu şeyi keşfetmez, bilgiden almaz kaynağını, "mantıksal" değildir. Bir bilgi, insanın insanlığına dair bir kavrayış gerektirmediği ölçüde tam olarak evrenseldir. Her türlü bilginin berisinde, duyarlıktan alır kaynağını ve bu arada basit bir biçimde ampirik değildir çünkü evrenselliğe açıktır.

Öteki insanla karşılaşmada, ötekinin insanlığı her türlü uslamlamanın, her türlü karşılaştırmanın, her türlü benzeşimin öncesinde algılanır; bu arada, tüm ampirik kavramlardan daha evrenseldir.

11 E. Lévinas, "Monothéisme et langage", *Difficile liberté* içinde, Le livre de poche, s. 249.

Uygarlık düzeyleri, ırkları, dinleri ve dillerinden bağımsız olarak türün tüm üyelerine gönderme yapan biyolojik insan kavramından daha evrenseldir, çünkü insan alt-türü, tüm insan tiplerine göre evrenseldir kuşkusuz, ama hayvan türüne göre özeldir. İnsan tüm ampirik kavramlardan daha evrensel bir evrenseldir, çünkü hiçbir biçimde, bir türe dahil olabilecek özel bir varolma biçimini ifade etmez. İnsan gibi varolmak bir hayvan olmanın özel bir biçimi değildir, hayvanlığın kendisiyle bağını koparma biçimidir daha çok. İnsanın hayvanlığı bir hayvan olmanın özel bir biçimini ifade eder elbette ve bir hayvan olmak bir canlı olmanın özel bir biçimini ifade eder kuşkusuz, ama insanın insanlığı, bir hayvan olmanın özel bir biçimine, bir canlı olmanın özel bir biçimine gönderme yapmaz, yaşamın yinelenen çevrimleri tarafından emilmeye karşı koyan bir varolma biçimine gönderir daha çok. İnsanca varolmak bir hayvan olmanın özel bir biçimi değildir, bir canlı olmanın özel bir biçimi de, varolmanın özel bir biçimi de değildir. İnsanın algılanışı nihai bir evrenselin duyulur algısıdır. İnsanın insanlığının soyut bir evrensel olduğu anlamına mı gelir bu? İnsanın ancak özellik edindiğinde mi gerçekten insan olacağı anlamına gelir? Bir insandan başka şey olmayan bir insanın artık bir insan olmayacağı anlamına mı gelir? Hegel'in[12] karşılaştırmasını yineleyecek olursak, her türlü özgüleştirme bir yana bırakıldığında bir meyvenin görülemeyeceğini, yalnızca genel bir meyve olacak bir meyvenin görülemeyeceğini dile getiren karşılaştırmasını tekrarlayacak olursak, bir insan olmayan bir insana rastlanamayacağı anlamına mı gelir?

Ötekinin bir benzer olarak algılanışı tam anlamıyla bir tanıma olmadığı için, ötekine "ne olarak" göz dikildiğini belirleyen bir kavram tarafından yönlendirilmediği için, ötekini şu "olarak" ya da bu "olarak" hedeflemediği için, bu algı radikal bir başkasılığın karşılanışıdır. Ampirik şeylerin alışılageldik algılanışı, hep bir sınıflandırma, bir yerleştirme, bir tanıma olduğu ölçüde radikal başkasılığı bilmez. Tanınan şeyler asla tuhaf ya da radikal olarak dışarıda değildirler, çünkü önceden bir anlam kuşanmadan, yüklenme-

12 F. Hegel, *Encyclopédie*, ilk baskının "Önsöz"ü (1817), § 8; ikinci baskının "Önsöz"ü (1827), § I3.

den asla kendilerini sunmazlar. Tanımadığım, daha önce hiç görmediğim, adını bilmediğim bir çiçeği algılayabilirim kuşkusuz ama bir çiçek gördüğüm anda, çiçek, çiçek olarak tanınmış olur. Tanınmayan bir nesne algılandığı anda, örneğin bir doğa olayı olarak, ya da bir tüketim nesnesi ya da üretilmiş bir nesne olarak tanınır. Buna karşılık, insanlığı içerisinde algılanan öteki, belli bir kavramın altında değerlendirilmeye olanak tanımaz: Öteki tanınmaz. Radikal bir biçimde başkası olarak görünür, çünkü tanınmadığı ölçüde, bir başka deyişle önceden kuşatılmış, belirlenmiş, özellikleri ayrıştırılıp sınıflandırılmış, kısacası tüm aidiyetleri ayraç içine alınmış olarak karşımızda durmadığı ölçüde insan olarak belirecektir. Benzer olarak öteki'nin fenomenolojik deneyiminde, memeliler türü içinde köpeğin kediden başka olmasındaki anlamıyla benden başka olmayacaktır bir başkası, ya da Lévinas gibi ifade etmek gerekirse, aynının içinde başka değildir. İnsanlar birbirlerini eşit gördüklerinde gerçekleşen "benzer" deneyimi, tıpkı "güzel" deneyimi gibi "mantıksal" olmadığı, bilgiye dair olmadığı ölçüde radikal bir başkasılığın deneyimidir.

Öte yandan, her türlü özelliğin devre dışı bırakılması, aidiyetle gelen her türlü tanımlamanın ayraç içine alınması, belirlenmiş her türlü kavramın askıya alınması, ötekini bir soyutlamanın boşluğunda yok etmek şöyle dursun, hemen bir genelleme, bir sınıflandırma, bir kuşatma olmayan bir algının ve buradan hareketle, ötekinin benzersizleşmesine özen gösteren bir algının işidir. Ötekinin insanlığı içinde algılanışı nihai bir evrenselin duyulur kavranışıdır ve bu arada benzersize yakalanır. Ötekine şu ya da bu "olarak" göz dikmez, çünkü onu *ne olduğu* ile kavramaz (böylesi bir kavrayış ilk elde onun benzersizliğini gizleyecek bir genelleme olacaktır), onun *kim* olduğuna yakalanır. Ötekinin benzersizliği içinde algılanışı bir benzerin kavranışıdır (öteki insanlığı içinde algılanır) ve radikal bir biçimde başkası olarak (tanınan her nesneden başka) başkasının karşılanmasıdır. Bireyler benzersizleşerek karşılıklı geldikleri ölçüde birbirlerini benzer görürler (radikal başkasılıklarını duyarlar). Benzersizleşme (ötekinin öteki olarak benzerliğinin su yüzüne çıkışı) ister istemez bir "atomlaşma"ya doğru mu gidecektir peki?

Benzersizleşmenin her insan yaşantısını belirlediği doğrudur. İnsanca varolmak bensersizleşmektir, çünkü insan varoluşu hiçbir zaman öngörülebilir bir süreci izlemekle, önceden çizilmiş yolları takip etmekle, önceden verilmiş bir modele uyum sağlamakla, önceden kurulmuş ilkeleri uygulamakla sınırlanmaz. İnsanca varolmak, davranmak ve konuşmak, başka bir deyişle bireylerarası bir ilişkiler dokusunda yer almak, usa yatkın ve öngörülmez yollar açmak, tek bir tarihi arkada bırakmak demektir. Hiyerarşi ilkesi, her insanı doğuştan gelen aidiyetlerinden dolayı olması gerekene uyum sağlamaya yönlendirdiği, herkese yaşamını bir yazgı gibi görmesine neden olacak önyargılar aşıladığı ölçüde insanlıktan uzaklaşacaktır. Ama bu arada, Eskillerin insanca varoldukları da, davranarak ve konuşarak benzersizleştikleri de kuşku götürmez. Birbirlerini öncelikle ve genelde doğal hiyerarşiler tarafından sınıflandırılmış olarak algılıyorlardı, ama insan olarak davranıp konuşarak benzersizleştikleri ölçüde, birbirlerini elbette örtük bir biçimde ama benzer algılayabiliyor, birbirlerini elbette gizli bir biçimde ama eşit görebiliyor, insanlıklarını elbette içkin bir biçimde duyabiliyorlardı. Çünkü kurulmuş eşitsizlikler ne olursa olsun, eşitlik eylemde ve sözde kurulur, yeter ki eylem öngörülebilir ya da önceden belirlenmiş bir davranış değil ama usa yatkın bir girişim, bir eylem; söz de basit bir bildirişimde (içerik aktarımında) değil, özgür bir tartışmada, bir diyalogda yer alan söz olsun. "Ama bir köleyle konuşurken bile, diye yazıyordu Lévinas, insan eşitiyle konuşur." Köleyle "tanınmadan önce muhatap sayılan"[13] bir muhatapla konuşur gibi konuşulduğu ölçüde bir köleyle konuşurken eşit biriyle konuşulmuş olur. Yine de, toplumun üyeleri daha birbirlerini dinlemeden birbirlerini öncelikle ve genelde şu ya da bu "olarak" algıladıklarında, daha birbirlerine bakmadan birbirlerini sınıflandırıp bir yere koyduklarında, daha tek söz etmeden birbirlerini tanıdıklarında, öteki'nin fenomenolojik deneyimi, benzersizliği içinde insan olarak öteki deneyimi, modern öncesi toplumlarda gizli kalır.

13 E. Lévinas, "Éthique et esprit", *Difficile liberté* içinde, *a.g.y.*, s. 20.

İnsanın anlamı her insan toplumunda bir muamma olarak kaldığı ölçüde, her insan toplumu benzersizleşmeyi karşılar. Yine de ancak insanların eşitliği ilkesi üstüne kurulmuş toplumlar içinde bireyler kurulmuş yetkelerden açıkça kurtulmaya yönelebilirler; ancak özerklik ilkesi üstüne kurulmuş toplumlarda, bireyler dinsel yasaları nasıl davranılması gerektiğini söyleyen yararcı bir buyruk olarak değil, saf biçimsel bir gereklik, özgürce davranma yolunda bir buyruk olarak alabilirler; ancak bireysel bağımsızlık ilkesi üstüne kurulmuş toplumlarda, bireyler kendi yaşamlarına karar vermeye, girişimlerde bulunmaya, kısacası eylem ve sözle benzersizleşmeye açıkça yöneltilebilirler. Yine de eşitlik, özerklik ve bireysel bağımsızlık ilkeleri, bireylerin derin bir biçimde benzersizliklerinden sıyrılmalarının da temelinde yer alabilir.

Özerklik ilkesi özgür düşünme ve davranma gereğini kâğıt üstünde dillendirir. Özgür düşünmek ve davranmak şunu ifade eder: Kendiliğinden düşünmek ve davranmak. Bu arada, kendiliğinden düşünme ve davranma gereği, güdülmeye, düşünceleriyle eylemlerinin öznesi olmadan düşünmeye ve davranmaya eğilimli ampirik bir ben'le bir başka ben, kendini ampirik bende tanımayan, ve kendini orada özgür ve benzersiz özne olarak, kendiliğinden düşünüp davranma gücü olarak göremediği ölçüde tanımayan bir ben arasında bir ayrışma deneyimini zorunlu kılar. Bireyler aidiyetlerine göre düşünmeye ve davranmaya yöneltildiklerinde, kendiliklerinden düşünemez ve davranamazlar. Ama yalnızca özgür istençlerini kılavuz aldıklarında, yargılarıyla eylemlerinin kaynağını yalnızca kendi içlerinde aramakta direttiklerinde yine kendiliklerinden, özgür ve benzersiz bireyler olarak düşünüp davranamazlar. İster kendi eğilimlerinin peşinden gitsinler, ister bireysel ya da toplumsal çıkarları izlesinler, fark etmez. Ampirik ben'in, yararcı ben'in bakış açısında özerklik ilkesi ister istemez bir heteronomi ilkesi olarak deneyimlenir. Kant'ın belirttiği gibi, özerklik ilkesi, daha yukarıdan gelen bir "yapacaksın" gibi olmasa da, ampirik ben tarafından anlaşılamayacak bir özgürlük gereğini dile getirir. Ve özgür düşünme ve davranma buyruğu kesin olarak biçimseldir: Ampirik olmayan ben'e düşüncesinde ve eyleminde kendisini özgür olarak, benzersiz ben olarak tanıyabileceği bir yol, bir yaşama biçimi bulmak ya da uydurmak dışında, hiçbir şey buyurmaz. Bu arada, gündelik ve toplumsal yaşam içinde özerklik ilkesi, dile getirdiği özgürlük gereğinin her ampirik ben'e yönelik olduğu yanılsamasını yaygınlaştırabilir. Oysa, keyfî hedefleri adına özerkliklerini yadsıdıkları anda, bireyler kendiliğinden düşünme ve davranma yetilerinden vazgeçerler. İnsanın özerkliği bireyin keyfîliğiyle ya da toplulukların keyfîliğiyle karıştığı anda, siyaset artık benzersizleşmeye, insana, özerkliğe hak tanıma kaygısı olarak kendini gösteremeyecek, bireylerden ya da toplumsal gruplardan gelen aynı ölçüde meşru çünkü aynı ölçüde keyfî taleplerle çıkarları rakip kılan bir araca indirgenecektir. Ve insan hakları insanın insan içinde aşılması, keyfîliğin bir ötesine geçilmesi konusunda umut vermeyecektir; bireylerin, toplulukların, iktidarların keyfîliğinin sınırlandırılmasını kesinleyen yasalar olarak değil, tam tersine bireylerin ya da grupların sahip olduğu ve ancak bireylerin ya da grupların aynı şekilde sahip olduğu başka haklar tarafından sınırlandırılabilecek haklar olarak anlaşılacaklardır artık.

Eşitlik ilkesi hiçbir hiyerarşinin doğal olmadığını belirtir. Töreleri yönettiğinde, her insanın bir yetkeye güvenme ve o yetkenin sözüne inanma hazzını yok eder. Her insan kendiliğinden düşünmeye, yapmaya ve davranmaya yöneltilir. Ama bu ilke aynı zamanda her insanda yalnızca kendiliğinden değil, aynı zamanda kendinden yola çıkarak düşünebildiği, yaratabildiği, davranabildiği yanılsamasını uyandırabilir. Bu yanılsamaya düştüklerinde, insanlar "gerçeğin en görünür ve en yakın kaynağıymış gibi durmaksızın kendi akıllarına yönelirler.[14] Oysa yalnızca bireyleri ve toplulukları aşan bir dünya çerçevesinde özgür düşünceden, sanatsal yaratımdan, ortak ve düşünülmüş eylemden söz edilebilir. Düşüncelerinin, yargılarının, eyleminin kaynağını kendi içinde bulabileceğine inanan birey; Kamuoyu, çoğunluk ya da halkın İradesi gibi görünmez yetkeler tarafından farkında olmaksızın yönlendirilirken, kendisinden yola çıkıp düşündüğü, yargıladığı, davrandığı izlenimine kapılabilir ancak. Bireyleri, kişileştirilmiş bir modele uyum sağlaya-

14 A. de Tocqueville, *De la démocratie en Amérique*, II, 1, I. Bölüm.

rak kendilerini özel kılmaya yönlendirmek yerine, demokrasi onları anonim yetkelere bağımlı hale getirerek kendilerini özel kılmaya iter. Her insan belli insanlar gibi değil, ortak özel aidiyetler sayesinde benzer olanlar gibi değil, ya da hiyerarşideki üstünlükleri nedeniyle model olanlar gibi değil de insan olanlar gibi, bir başka deyişle genel anlamıyla ötekiler gibi, özelde kişi gibi düşünmeye ve davranmaya eğilimlidir. Her insan *düşünüldüğü* gibi, *yapıldığı* gibi, *davranıldığı* gibi düşünme, yapma ve davranma eğilimi gösterir. Gündelik yaşam içinde, Heidegger'in "das Man" [Onlar] dediği tarafından yönlendirilmeye izin verirken yitip gitme tehdidi altında olan genel anlamıyla insanlık değil, modern insandır.

Bağımsızlık ilkesi her insana kendi yaşamına karar verme gücü tanır. Bir sözleşme ya da itiraz götürmez bir yasa söz konusu olmadıkça hiç kimsenin kimseye borçlu olmadığı izlenimini de doğurabilir. Bundan böyle birey, her türlü ortaklaşma karşısında birinci gibi, benzerleri karşısında öncesinde hesaplanması gereken bir çıkar sayesinde yükümlülük alan, özünde bencil bir monad gibi ortaya çıkar.

Aynı zamanda her insandaki insana hak tanıma gerekliği olarak modernitede bireylerin benzersizleşmesi gerekliği sürekli bir biçimde benzersiz olmaktan çıkma tehlikesini barındırır. Demokrasinin temelinde yer alan, benzersizleşmenin ilk adımı olabilecek özelliksizleşme keyfî, konformist ve atomlaşmış bireylerin yükselişinin kaynağında yer alabilir.

Özelliksizleşmeleri bireyleri benzersizleştirdiğinde ve bu yolla onları evrensel insanlıklarına açık hale getirdiğinde, benzersiz bireyler birbirlerine nasıl görünürler?

Belki de modern çağın başlangıcında yeni bir dünya ve insanlık deneyimini dile getirmeye çalışan yapıtların incelenmesi, insanın benzersizleşmede kendini gösterebileceği fikrini destekleyebilir. Her şey bir yana, insan anlam kazanabilir, biricikliği içerisinde anlama gelebilir ve Lévinas'a göre bu olasılık, "Rodin'in yonttuğu bir kolun çıplaklığından gelebilir.[15]"

15 E. Lévinas, "L'Autre, Utopie et Justice", *Entre nous* içinde, Le livre de poche, s. 244.

Tartışma
Sanatta Bireyin Yaşamı ve Yazgısı

P.-H. TAVOILLOT: Her biriniz kendi alanınızda, modern birey figürünün karmaşık ortaya çıkış sürecini izlediniz. Resimde olsun, müzikte olsun, estetik ilişkinin her boyutunda bu aşamalı belirmeyi izlemek büyüleyici. Aslında birey yalnızca gösterimi yapılan nesnenin tarafında değil, yaratıcı sanatçının, hatta alıcı kitlenin görünümü altında da gösteriyor kendini. Yavaş yavaş yeni olduğu kadar estetik bir ilişki oturuyor ve bu ilişki içinde bireyler bireylere bireylerden söz ediyor. Yine de sözünü ettiğiniz sanatsal alanlar arasında dikkate değer kronoloji ve ritim farklılıkları var. Bu durumda çözümlemelerinizi karşı karşıya getirmenizi önereceğim şimdi, böylelikle sanatın bugünü ve geleceği sorusunu da ele alabileceğiz. Dilerseniz bu tartışmayı yönlendirici üç soru etrafında kuralım:

1) Olabildiğince eksiksiz bir yaklaşım için, öncelikle kendine özgü çalışmalara konu olmuş yazınsal alanı da konuya dahil etmeliyiz: Yazında da bireyin bir keşfinden söz edebilir miyiz; edebilirsek eğer, hangi biçimde?

2) Sonrasında kronolojik farklılıkları yorumlamaya çalışmak uygun olacaktır. Sanatta birey figürünün ortaya çıkışına tanıklık ediyorsak eğer, bu çıkış alanlara göre hissedilir biçimde farklı bir ritimle gerçekleşiyor: Böylesi farklılıkları nasıl ele alabiliriz?

3) Son olarak da, bu tarihsel bakış açısı sayesinde, sanatın bugünkü risklerine ve güncel durumuna dönebileceğiz. Tartışmayı hararetlendirmek üzere kabaca şu varsayımı ortaya atalım: Modern sanat bireyin birbirini izleyen bu estetik doğuşlarıyla belirleniyorsa eğer, çağdaş sanat bireysellikte tükenme riskiyle karşı karşıya gelmi-

yor mu? Kısacası, bireyin sanatta doğuşunun ardından, sanatın bireyde ölümü söz konusu olabilir mi?

İsterseniz, yazınla başlayalım.

Ya yazın alanı?

T. TODOROV: İşin özüne inmek için, sanırım iki tür yazın belirlemek uygun olacaktır. Bir yanda "öznenin anlatımı" ya da çok geniş bir anlamda özyaşamöyküsü yazını; bir yanda da kurmaca yazın. Birey figürü bu iki biçim içerisinde aynı anda belirmiştir diyemeyiz. İlk tür konusunda, çok daha öncesinde haberci öğeleri olsa da, açıkça bir birey tarafından üstlenilmiş ilk şiirsel sözün XIV. yüzyıla, Petrarca'da görüldüğü konusunda genel bir uzlaşıma varılmıştır. Petrarca'dan itibaren, belli alışkanlıklar oturur. *Eloge de l'individu* adlı kitabımda (Adam Biro, 2001), resimle yazıyı çakıştırdığı için Christine de Pizan'ın (1365-1430'a doğru)[1] örneğini biraz daha uzunca işlemiştim: Yazarın kişilerinin adı Akıl, Hakikat, Arzu vb'dir. Ama aynı anda kendisinden de söz eder, bahtsızlıklarını anlatır: Çok genç yaşta kocasını nasıl kaybettiğini, çocuklarını yetiştirirken yaşadığı zorlukları, çevresindekilerin kadın düşmanlığını, doğum yapmaya benzettiği yazı yazma işinin ıstıraplarını (çünkü bu acılar kitap bir kez tamamlandıktan sonra unutulur, diye yazar)...

Yazının bu şekilde bireyselleşmesi XVI. yüzyıla kadar devam eder. Yine de, Montaigne'in *Denemeler*'i bana göre gerçek bir kopuşu belirler: Eksiksizce ve bütünüyle kendisini konu alarak kitabını yayımlamış ilk bireydir. Montaigne, ben'in benzersizliğini ele almak üzere alegoriler ve genel mecazlardan kopar. Kimi çağdaşları ilk özyaşamöykülerini kaleme alırlar, ama bu çalışmaların yayımlanmamış olması anlamlıdır. Gerolamo Cardano (1501-1576) bunlardan biridir örneğin, ya da Benvenuto Cellini (1500-1571), XVIII. yüzyılda, *Anılar*'ı en sonunda yayımlandığında çok beğenilip taklit edilecektir. Montaigne, kendini haklı gösterme arayışına girmeksizin bireyselliğini ilan eder. Ne bir kahramandır, ne bir deha ne de aziz; olduğu ha-

1 İtalya'da doğmuş, Paris'te yaşamıştır. Kocasının 1390'daki ölümünden sonra, yazınsal alanda çalışmalar vermeye başlar: "Yavaş yavaş bu işten para kazanır, o dönemin Avrupa'sı için bir yeniliktir bu; sözcüğün tam anlamıyla ilk Fransız *yazarıdır*" (s. 61). Kitapları bezemelerle resimlendirilmiştir.

liyle herkesin ilgisini çekebilen bir "ben"dir, o kadar. Temelde dostluğa övgüsünün anlamı da burada yatar ve şu açıklamadan başka bir temeli yoktur: "Çünkü O o, ben de benim."

Dolayısıyla yavaş gerçekleşen bir doğumdur bu. XIV. yüzyıl ortasıyla XVI. yüzyıl ortasında gerçekleşir. Ama Montaigne'den sonra, özne ve yazar bireyin bu kendini doğrulaması yaygınlık kazanır ve yazının temel hareketine dahil olur.

P.-H. TAVOILLOT: Aziz Augustinus'un *İtiraflar*'ı niçin bu bireysel özyaşamöyküsünün öncelenişi sayılmıyor?

T. TODOROV: Augustinus'un amacı *kendi* yaşamını anlatmak değil, azizlik yolunda örnek alınabilecek yanını göstermektir. Aslında bir "aziz yaşamı"dır bu, bir başka özyaşamöyküsünde, Abeilard'ın (1079-1142) *Historia calamitatum*'unda da görülebilecek, çizgileri belirlenmiş bir türdür. Bireysel yaşamın olayları burada yalnızca genel bir derse hizmet edebilmek için kullanılır. Montaigne'le temel farklılığı da budur.

P.-H. TAVOILLOT: Zaten Pascal'in *Düşünceler*'inde, Montaigne'i "kendinden çok fazla söz ediyor" (éd. Brunschvicg, § 65) diyerek eleştirmesinin nedeni de bu, ama öte yandan Rousseau, kendinden yeterince söz etmediğini söyleyecektir.

T. TODOROV: Aslında Pascal burada putataparlığın bir belirtisine işaret etmektedir. İşte bu anlamda bireyin doğuşu hümanizmanın bir göstergesidir: Başka bir ideolojik ya da dogmatik hedefe hizmet etmeden, olduğu gibi insana yöneltilmiş bir ilgiyi gösterir.

P.-H. TAVOILLOT: Peki bu durumda kurmaca yazı konusunda neler söyleyebiliriz?

T. TODOROV: Tamamen farklı bir konu bu. Kurmacanın bireysel figürün ortaya çıkışına uygun bir saha olduğunu düşünebilirdik. Oysa tam tersi gerçekleşiyor. Ian Watt, *The Rise of the Novel* (*Romanın Yükselişi*) adlı kitabında (bkz. aşağıdaki parça), Robinson Crusoe'nun hangi açılardan kurmaca yazının ilk büyük bireyi sayılabileceğini bana kalırsa ikna edici bir biçimde göstermiştir. Aslında yazınsal bireysellik Defoe'yla birlikte tam anlamıyla kendini gösterir, çünkü başından sonuna dek belirli bir zaman ve uzam içinde yerini almış özel bir insanın yaşamının gerçekçi anlatısıyla karşı karşıya kalırız. Dolayısıyla özyaşamöyküsü ve kurmaca arasında yaklaşık iki yüzyıllık bir fark söz konusudur.

Romanda İlk Birey: Robinson Crusoe

The Rise of the Novel (University of California Press, 1957)[2] adlı kitabında, Ian Watt üç İngiliz yazarın kuşağında roman türünün ortaya çıkışını inceler. Defoe (1660'a doğru-1731), Richardson (1689-1761) ve Fielding (1707- 1754). Eski kurmaca biçimleriyle (romance) karşılaştırıldığında, romanı yeni bir yazınsal biçim (*novel*) olarak belirleyen nedir? Bu soruyu yanıtlamak için, Watt öncelikle zamanın felsefi bağlamından yola çıkarak (Descartes'tan Locke'a ve Reid'e) düzyazı şeklideki bu kurmaca biçiminin ideal türünü oluşturmaya çalışır. Bu türü belirleyen üç nitelik vardır:

Öncelikle, "gerçekçilik"; bundan gerçeği bire bir betimleme kaygısını değil, gerçeğe erişme yolunun özel olandan (genelden değil) geçmesi ve geleneğin ya da dogmanın dolambaçlarına girmemesi gerektiği fikrini anlamak gerekir. "Felsefi gerçekçiliğin genel yaklaşımı, eleştirel, gelenek karşıtı ve yenilikçidir; yöntemi deneyimin özelliklerinin incelenmesidir, geçmiş varsayımların ve geleneksel inançların tümünden, en azından meşru anlamda kurtulmuş bireysel bir araştırmacı tarafından yürütülür" diye yazar Watt (s. 12). Watt'ın "formel gerçekçilik" adını verdiği, Defoe ile Richardson'da merkezi bir yer tutan bu romana özgü alanda ifadesini bulan da bu felsefi gerçekliktir: "Roman, insan deneyiminin ayrıntılı dökümüdür, dolayısıyla okurlarına söz konusu edilen kişilerin bireyselliği, eylemlerinin uzam-zamansal özellikleri gibi ayrıntılar, öteki yazınsal biçimlerde kullanılmayan, daha geniş çapta göndergeye dayalı bir dil kullanımıyla sunulan ayrıntılar aktarmak zorundadır okurlarına" (s. 32).

Romana İngilizcedeki adını –*novel*– veren ikinci özelliğe de burada geçiyoruz: Özgünlük kaygısı. Geçmiş, meşru bir kaynak ve nesne olmaktan çıkınca –klasik epik şiirlerde olduğu gibi–, ye-

2 *Littérature et Réalité* (Seuil, coll. Points, 1992), adlı ortaklaşa derlemede, bu kitabın ilk bölümünün Fransızca çevirisi okunabilir (s. 11-46).

rini şimdinin anlatımına bırakır: "Böylece roman özgünlüğe, yeniliğe görülmemiş bir değer atfetmiş [...] bir kültürün mantıklı yazınsal aracı olur; işte bu nedenle de roman *novel* adını alır" (s. 13). Bu anlatım düzyazıda biçemin geleneksel kurallarını yıkar çünkü bireysel olanın özgünlüğünü dile getirmeye çabalar.

Watt, bu romana özgü bireyselliğin başlangıcını Defoe'nun 1719-1720'de yayımlanan *Robinson Crusoe* romanında görür. Bu kitap "sıradan bir insanın gündelik etkinliklerinin süreğen bir yazınsal ilginin merkezinde yer aldığı ilk öyküsel kurmacadır (s. 74). Bu bireyi tanımlayan iki boyut vardır. Bir yandan, adasında tek başına kalmış Robinson, deyim yerindeyse, Locke'taki değişkesiyle doğa hali kuramını tersine götürür: Kazayla yeniden saf bir *homo oeconomicus* olmuştur, ailesizdir, vatansızdır, toplumsal ve geleneksel bağlardan kurtulmuş, yalnızca hayatta kalma ve çıkar sağlama gereksinimiyle hareket ederken, rasyonel etkenin özünü somutlaştırmıştır. Öte yandan, her türlü toplumsal ilişkinin uzağındaki Robinson, içsellik ve özdenetim kültü içerisinde püriten bir bireyselliğin tinsel gücüllüklerini gözler önüne serer.

Rousseau'nun bu kitabı Emile'e niçin okunacak ilk kitap olarak önerdiği buradan anlaşılabilir: "Önyargıları aşmanın ve yargılarını şeyler arasındaki gerçek ilişkilere göre düzenlemenin en güvenli yolu, kendini toplumdan soyutlanmış bir adamın yerine koymak ve her şeyi bu adamın kendi çıkarı için yargılamak zorunda olduğu gibi yargılamaktır" (*Emile*, Gallimard, "Pléiade", s. 455). "Bireyin yetişimi" sorunsalı merkezdedir. – P.-H. T.

P.-H. TAVOILLOT: Rasyonalizme sadakatiyle birlikte, kavramsal gerçeklik arayışı içinde, benzersizlikleri sahnelemek yerine genel karakter tipleri –kadın düşmanı, cimri, hastalık hastası– betimlemeye daha da önem veren klasik estetik bu zamansal kaymaya neden oldu diyebilir miyiz?

T. TODOROV: Bence de yanıtı tam da bu yönde aramak gerekiyor. Üstelik önemli bir işaret bu çözümlemeyi destekliyor: Gerçekçi roman Defoe ve Richardson'la birlikte İngiltere'de, Locke'un etkisinin Descartes'ı geride bıraktığı ve ampirist harcın, göreceli de olsa, rasyonalist harçtan daha önemli olduğu İngiltere'de doğacak, XVIII. ve XIX. yüzyıllar boyunca kendini gösterecektir.

P.-H. TAVOILLOT: Öncelikle resimde (XV. yüzyıl), sonra müzikte (XVI. ve XVII. yüzyıllar) ve son olarak da yazında (XVI. ve XVIII. yüzyıllar) gerçekleşen "bireyin doğuşları" arasındaki pek de uyumlu olmayan bu kronolojiyi nasıl yorumlayabiliriz?

R. LEGROS: Modern birey, bireyin benzersizleşmesi insanlığının bir işareti olarak ortaya çıkmaya başladığında doğar. Elbette her türlü büyük dönüşüm gibi, modern bireyleşme bilinçli bir tasarının ürünü değildir. Düşünülmeden önce başlamıştır. Özerk ve bağımsız birey olarak insan fikri, insanların birbirleriyle ve dünyayla kurdukları ilişkilerdeki yavaş bir dönüşümden kaynaklanmış, bunu da sözde doğal hiyerarşilere karşı çıkılması, yetke gerekçesinin topluca sorgulanışı, kişisel bağımlılık ilişkilerinin gevşemesi başlatmıştır. İnsan ilişkilerindeki bu dönüşüm resimde, portre sanatında çok erken ifade edilmiş, ama unutmayalım ki siyasal yaşam içerisinde, komünal düzenle idare edilen birkaç kentin merkezinde gerçekleşmiştir. Aslında, *Trecento*'nun* sonunda, birkaç İtalyan kentinde, özellikle Floransa'da yeni bir söylem türü halk arasında duyulmaya başlanmıştır, yalnızca dünyanın skolastik ya da tanrıbilimsel gösterimleriyle değil, Cumhuriyetçi Roma'ya egemen olmuş gösterimlerle de bağını koparmış bir söylemdir bu. Aristokratik değerleri tehlikeye atar. Aslında doğumun hiçbir hak getirmediğini, yalnızca kişisel çalışmayla kazanılmış niteliklerin insanlar arasında bir farklılığı doğrulayabileceğini, yurttaşların yasalar karşısında eşit olmaları gerektiğini, siyasal yetkenin aklın iyi kullanılmasına dayandığını öne sürmektedir. Bir bireysel bağımsızlık ve özerklik arzusunun belirtisidir. Dolayısıyla her türlü yetkeden bağımsızlaşma, kendiliğinden düşünme, yargılama ve hareket etme arzusunun bir belirtisidir. Bu arzu yavaş yavaş ama önlenemez bir biçimde yaygınlık kazanacaktır. Modern Zamanlar içinde izlediği yolda, Tocqueville üç aşamalı, çarpıcı bir özet sunar. XVI. yüzyıldan itibaren, bu arzu dinin alanına bile sızar ve kutsal metinlerin serbestçe incelenebilmesi ilkesini doğurur; XVII. yüzyılda felsefenin alanına girer ve yöntemsel bir ilke olarak tanımlanır; Aydınlanma Çağı'nda

* *Trecento*: İtalya'da Ön-Rönsesans diye anılan hareketin gerçekleştiği XIV. yüzyıl. (ç.n.)

toplumun içine karışır ve oradaki gündelik tutumları dönüşüme uğratır. Üç yazarın simgelediği üç aşama: Luther, Descartes ve Voltaire. Ama bireyin benzersizleşmesinin insanın insanlığının bir göstergesinden çok nedensizliğin belirmesi gibi ortaya çıkmaya yöneldiği eski dünyayla kopuşun başlangıcını görebilmek için *Trecento*'nun başlarına, Dante'nin dönemine, hümanizmanın doğuşuna dek uzanmak gerekir.

B. FOCCROULLE: Zamanlara yayılan bir süreçte bir sınır çizgisi belirlemek ne vakit söz konusu olsa, yöntemsel bir zorlukla karşı karşıya kalıyoruz. Monteverdi figürü, XVII. yüzyılın başında, müzikte bireyin ifadesinin ortaya çıkışını belirgin kılıyor diyebiliriz. Yine de zamanda daha da geriye gidip bu dönüşümün ilk kasılmalarını gezgin ozanların şiirinde aramadan edemiyorum. Burada elbette tanrı-merkezli bir evrende buluyoruz kendimizi, alegorik bir anlatım dünyası içinde; yine de bireysel anlatım üstüne kurulu müzikal, daha çok da şiirsel bir sanatın ortaya çıkışına tanıklık ediyoruz, büyük Antikçağ metinlerine giderek daha çok başvurulduğunu görüyoruz ki bunu büyük bir dönüşümün belirtisi olarak alıyorum.

Bu yeni duyarlılığa, bilindiği üzere, Cistercium sanatını gösterimin reddi üstüne kuran Aziz Bernard'ın (1090-1153) tanrıbilimsel ve estetik yönelimlerinde bile rastlıyoruz. Ama bu vazgeçişe, Tanrı'yla ilişkide belli bir bireyselleşme biçimi eşlik eder. Böylelikle, tutucu tanrıbilimsel bir bakış açısında, her insanın bireyselliğinin korunması gereken bir zenginlik kaynağına dönüştüğü bir düzeneğin ortaya çıkışına tanıklık ederiz. Dolayısıyla bu noktada kişinin kabul edilişi vardır diyebiliriz.

Ve insanın gösterimi için Tanrı yavaş yavaş bir vesileye dönüşüyormuş duygusuna kapılırız: Dürer'in kendisini İsa gibi resmettiği otoportresi (1500) bana bu konuda belirleyici geliyor. Gösterimin nesnesi tanrısal olan değildir, insana genel hatlarını bu kez Tanrı vermiştir. Bundan böyle, sanatçılar kutsal kitaplardaki imgeleri giderek daha insancı bir perspektifte ele alabileceklerdir. Sonrasında da ya antik mitolojiyi ona tercih ederek ya da dolambaçsız bir biçimde insanın gösterimini sunarak bu göndergeden vazgeçebileceklerdir. Dolayısıyla birey, tanrı-merkezli dünyadan kökten bir kopuştan değil, bu dünyanın derinliklerinden çıkıp gelecektir.

P.-H. TAVOILLOT: Burada bir anlamda, Louis Dumont'un özellikle *Essais sur l'individualisme*'deki çözümlemeleriyle buluşuyorsunuz. Dumont, Hıristiyan keşişliğinde ve "Tanrı'yla-ilişki-içindeki-birey" figüründe "dünya-dışındaki-birey"in (münzevi, keşiş, dünyadan el etek çekmiş) ilk biçimlerini, modern "dünyadaki-birey"in önsimgesini belirler. Ama elbette uzlaşma sağlanamamıştır: Henüz bir "bireyler dünyası" ile karşı karşıya değilizdir hâlâ, çünkü bireyselliğe geçebilmek için, bu modern öncesi düzenekte "dünyadan çıkmak" gerekir. Burada aydınlatmaya çalıştığınız kesit, bana kalırsa, bireyle dünyanın uzlaştığı, dünyanın insanlaştığı andır. Sanatın alanı bu uzlaşmanın görünür sahnesidir.

R. LEGROS: Doğru. Ama insanlık tarihinde çok gerilere gidildikçe bireyselleşme biçimleri bulunabileceği de doğru. İnsanın "Tanrı'ya benzer" yaratılmış olduğu (Tekvin, I, 26) fikri her insanın benzersizliğini esinlemez mi? Tanrısal imgenin dünyevi yetkede en duyulur şekilde ortaya çıktığı hiyerarşi ilkesine köktenci bir karşı çıkışı beraberinde getirmez mi? Öte yandan, başkasını algılamanın fenomenolojik betimi öteki insanın ilk bakışta benzersiz bir canlı beden gibi, etten kemikten benzersiz bir öznellik gibi algılandığını düşündürür. Ötekinin benzersizliği deneyimi insanlık kadar eskidir ama öteki insanı temsil ettiği şeye göre göstermeye yönelen aristokratik deneyimin yapılanması tarafından sürekli gizlenmiştir. Modern bireyin doğuşu, birlikte yaşamanın aristokratik örgütlenmesinin önlenemez bir biçimde çözülmeye başlayarak benzer deneyimini yavaş yavaş su yüzüne çıkardığı bir döneme, hümanizmaya uzanır. Tanrı'yla daha doğrudan ilişki kurmak üzere dünyevi hiyerarşilere yüz dönen kimi keşiş ve gizemcilerin, derebeyliğin aristokratik yapılarının sarsılmasına katkıda bulundukları doğrudur.

T. TODOROV: Resim sanatına gelince, bu büyük kopuş bana kalırsa açıkça XIV. yüzyılın sonunda yer alır, bu da öncesinde olup bitenleri önemsememeyi gerektirmez elbette. İnsan dünyasının resim sanatına çok hızlı ve önlenemez bir giriş yapması etkileyicidir. Bu sürecin ilk ressamlarından biri olan Robert Campin'in yak. (1378-1445), Prens'in iktidarına karşı kent iktidarını savunmak üzere siyasal bir sorumluluk üstlenmiş olması çok şaşırtmıştı beni. Bu arada, resim ile birkaç yüzyıl önce "bireyselleşmiş" görünen heykel arasında önemli bir zamansal ayrım var. En azından İtalya'daki Pisano'lar bunu gösteriyor (Floransa Katedral Müzesi).

B. FOCCROULLE: Bireysel anlatımın, enstrümantal müziğe ulaşmadan çok daha önce, yavaş yavaş vokal müzikte kendini gösterdiğini de belirtelim. XVI. yüzyılın sonunda *stile recitativo*'nun ve eşlikli monodinin bulunuşu, özellikle de solo enstrüman, keman ya da kornetto için sonatın, ayrıca *basso continuo*'nun [sürekli bas] ortaya çıkışıyla birlikte enstrümantal müziğin bireyselleşmesini körükleyecektir. Frescobaldi (1583-1643) "*affetti*"nin, yani bireysel duyguların müzikal anlatımı etrafına kurduğu klavyeli çalgı müziğinde yeni bir anlatım başlatır.

P.-H. TAVOILLOT: Enstrümantal müzikteki bu bireyselleşmeyi öne çıkaran özellikleri nasıl tanımlarsınız?

B. FOCCROULLE: Çoksesliliğin üstünlüğünün eşlikli monodiye yerini bırakması gibi, enstrümantal müzik de Rönesans'ta Enstrümantal Ortaklık diye anılmış, her çalgının aynı derecede önem taşıdığı bir bütünlüğe, bir solo enstrümanlar müziğine geçecektir. Öncelikle XVII. yüzyılda sonat, çalgıcıya hem ustalığını hem de anlatım gücünü özgürce geliştirme olanağı tanır. Daha sonra, XVII. yüzyılın sonuna doğru, bir solistin bireysel anlatımıyla ona yine de eşlik eden, onu değerli kılan, harekete geçiren ve onunla yarışan bir orkestra arasındaki gerilimi öne çıkarır. Bu ikilik, Mozart'ın konçertolarında olduğu gibi, klasik dönemde denge kavramı altında düşünülür. Romantik dönem güçlü bir dengesizlik yaratmaktan korkmaksızın "ben"in anlatımını güçlendirir; böylelikle yeni bir ben türü çıkar ortaya, yeni bir birey imgesi, yalnızca bağımsızlığını ilan etmekle kalmayan, aynı zamanda kendisini aşan güçlere, özellikle de doğanın, bilinçaltının ya da kosmosun güçlerine teslim olarak kendini gerçekleştirmeye çalışan bir bireydir bu. Berlioz ve Wagner, her biri kendisine özgü bir biçimde, bu yeni birey anlayışını örneklendireceklerdir.

T. TODOROV: Sanatsal alanlar içerisindeki bu zamansal sapmalara bir açıklama getirebilecek bir başka neden öne sürülebilir. Bir sanat dalının halk arasında yaygınlaştıkça bireye daha az yer verir olması şaşırtmıştır beni. Müzik Kilise içinde cemaate yöneliktir, oysa resim portrelerini, seçtikleri bir manzarayı ya da evlerini resmettiren kişileri de ilgilendirir. Aynı şekilde, yazınsal alanda, "ben yazısı" yanında kurmacanın daha yaygın olduğu söylenebilir. Bu daha sonra ibrenin ben edebiyatından değil kurmacadan yana kaymasını da açıklar.

Sanat ve Çağdaş Bireyselleşme

P.-H. TAVOILLOT: Şimdi de bu tarihsel okumanın çağdaş uzantılarını incelememiz gerekiyor, çünkü modern sanat tarihini bireyselleşmenin ışığında okuduğumuzda, bir sürecin sonuna geldiğimizi düşünmeden edebilir miyiz? Sanatta bireyin doğuşu, daha doğrusu doğuşları olduğunu kabul ediyorsak, bugün sanatın bireysellik içerisindeki ölümüne tanıklık etmiyor muyuz? Bu açıdan, rekabet halindeki iki büyük tezi karşı karşıya getirebiliriz: Sanatın ölümünü savunan Hegelci tez ve sanatta bireyci yeni bir biçimlenmeyi savunan Tocqueville'ci tez.

HEGEL Mİ, TOCQUEVILLE Mİ?
Çağdaş Sanatın Yazgısı Üstüne İki Tez

Hegel: Sanatın Ölümü

Hegel'e göre tinin yaşamının üç büyük alanı –sanat, din ve felsefe– tek ve aynı amaca hizmet ederler: Mutlak ya da tanrısal olanı ifade etmek. Ve bunlar yalnızca anlatım biçimlerinde ayrışırlar.

Ancak sanat, mutlak olanın gösterimini duyulur bir malzemede (yapıt) verdiği için, bu amacın kusurlu ve yetersiz bir anlatımını getirir. İşte bu nedenle din ve felsefe gibi "daha üstün" biçimler tarafından aşılmak durumunda kalacaktır. "Sanat bizim için oluyor ve kalıyor, en yüce amacıysa (biz modernler için "özgün hakikatini ve hayatiyetini" tükettiği ölçüde) geçmişte kaldı" diyen (*Esthétique,* I, Le livre de poche, s. 63) Hegelci tezi bu açıdan ele almalı.

"Sanat bizler için hakikatin varoluş olarak kendini dayattığı en yüce anlatım biçimi değil artık. Düşünce erkenden, tanrısallığın sanat tarafından verilen duyulur gösterimlerine karşı durdu. Yahudilerde, Müslümanlarda ve hatta Yunanlarda böyle oldu, Platon, Homeros ve Hesiodos'un tanrılarını çürütmüştü çünkü. Genelde, her halkın gelişiminde, sanatın yetersiz kaldığı bir an gelir. Örneğin, İsa'nın dirilişi, yaşamı ve ölümü gibi Hıristiyanlığın tarihsel öğeleri sanata ve özellikle de resme sayısız gelişme fırsatı sundular, Kilise'nin kendisi bile sanatı destekledi ya da kendini geliştirmesine olanak tanıdı. Ama bilmeye ve araştırmaya yönelim, aynı zamanda mahrem bir tinsellik ihtiyacı Reform'u getirdi, dinsel gösterimin kendisi de duyulur öğeden uzaklaştı, ruhun ve düşüncenin içselliğine döndü yine. Bu durumda, sanatın *sonrası*, tinin, gerçek hakikat biçimi olarak değerlendirilen kendi içselliğiyle tatmin olma ihtiyacı tarafından ele geçirilmiş olmasında yatar" (*Esthétique*, I, s. 168).

Sanatın bireycilikte tükenmesi fikri daha iyi ifade edilemezdi. Hegel'e göre sanatın yok olmaya yargılı olmadığını da belirtelim. Hatta hoşumuza gidip bizi etkilemeyi sürdürebilir. Ama elinden ancak bu gelir: Özünde dünyayla ilişkimizi tanımlamayı bırakmıştır.

Tocqueville: Demokrasinin Sınırları İçinde Sanat

Tocqueville'e göre, demokratik zamanların sanatı, insanların dünyasını keşfetmiş olmasıyla belirlenir: Kutsal sanatı kalbin ve ruhun derinliklerini araştıran insancı bir sanat izler:

"Rönesans ressamları imgelemlerine geniş bir çalışma alanı bırakan yüce konuları kendilerinden yukarıda ya da zamanlarından uzakta arıyorlardı genelde. Bizim ressamlarımız çoğu zaman yeteneklerini sürekli gözleri önünde olan özel yaşamın ayrıntılarını olduğu gibi aktarmaya vakfediyorlar ve özgün biçimleri doğada fazla fazla bulunan küçük nesneleri her yönüyle kopyalıyorlar." (*De la démocratie en Amérique*, II, 1, XI. Bölüm).

"Uzun vadede demokrasinin, imgelemi insanın dışında kalan her şeyden uzaklaştırıp yalnızca insana odaklayacağına inanıyorum [...]."

Dolayısıyla demokratik halklarda şiirin efsanelerle yaşamasını, geleneklerden ve eskil hatıralardan beslenmesini bekleyemeyiz [...]. Tüm bu kaynaklardan yoksundur, ama insan elinin altındadır, bu da onun için yeterlidir. İnsan yazgıları, zamanından ve ülkesinden ayrı ele alınarak tutkularıyla, kuşkularıyla, bilinmedik refahları ve anlaşılmaz sefaletleriyle doğayla Tanrı'nın karşısına konan insan bu halklar için şiirin başlıca ve neredeyse tek konusu olacaktır [...].

Bu durumda eşitlik şiirin tüm konularını yok etmez; sayılarını azaltmakla birlikte alanlarını genişletir" (*a.g.y.*, II, 1, Bölüm XVII). – P.-H.T.

R. LEGROS: Tin belli bir gelişme gösterdikten sonra sanatın onun hakikatini dile getirmekte "yetersiz kalacağı" yolundaki Hegelci fikir, tinin ilerlemesinin bir kavranışına ve sanatın bir bilgi biçimi olduğu fikrine dayanır. Ama sanat yapıtı bir bilgi biçimine indirgenebilir mi? Bir döneme egemen olan anlayışın kendini yansıtıp kendi hakikatini dile getirdiği bir koşullar bütünü müdür? Kuşkusuz, her yapıtın kendi döneminin izlerini taşıdığı ve ait olduğu dünyanın temel tinsel ilkelerini konusunda bizi aydınlattığı kesindir. Balzac döneminin toplumunu benzersiz bir şekilde tanıtır bize. Balzac'ı XIX. yüzyılın ilk yarısındaki Fransız toplumunu daha iyi tanımak için okumayız ama. Bir yapıttan dönemlerin ötesinden, kültürlerin ötesinden konuşmasını, evrensel insanlığın dünyası olan bir dünyaya, bilimlerin önceden kabullendikleri ve unuttukları yaşamın dünyasına açılmasını bekleriz. Bu anlamda çağdaş sanat her zaman için besleyebilir bizi, kendi gündelik dünyamızı bize daha iyi tanıtarak, çağdaş düşünceyi örnek gösterilecek biçimde dile getirerek ya da onu gerektiği gibi yansıtarak değil, tam tersine, onunla içlidışlılığımızı kırarak, alıcılarımızdan kaçan bir boyutunu su yüzüne çıkararak yapar bunu. Demokratik zamanların sanatını, demokratik düşüncenin kendisini duyulur bir biçimde tanımasını sağlayan bir koşullar bütünü olarak değil, insanlık durumunun muammasına bir açılış olarak yorumladığında, Tocqueville'in ifade etmek istediği şey de bu olmuştur.

P.-H. TAVOILLOT: Ama insanların modern dönemin sonunda nihayet birbirlerini bağımsız ve özerk kılarak benzersizlikleri içerisinde birbirlerini keşfettiklerini öne sürerken tinin modern gerçekleşimine dair Hegelci fikri kendinize göre yorumlamış olmuyor musunuz? Modern sanatın modern bireyleşmeye duyarlı kıldığını göstererek, ona aristokratik yanılsamalardan nihayet kurtulmuş tine nihai bir hakikati gösterme işlevini yüklemiş olmuyor musunuz?

R. LEGROS: Bireyin modern doğuşu hiçbir biçimde tinin gerçekleşmesini göstermez, çünkü bir özgürleşmenin kaynağında yer aldığı doğru olsa da, yeni ve aşılmaz yanılsamaların kökeninde olduğu da doğrudur. Ayrıca modern bireyleşmedeki anlam bulanıklığı çağdaş sanatın tam ortasında görülebilir. Eşitlik ilkesindeki ilerlemenin etkisiyle, bireyler birbirlerinden bağımsız olmayı istemeye yönelmişlerdir. Birbirlerini benzer olarak gördükten sonra, kişisel bağımlılığı kaldıramaz olur ve her alanda yargılarını kendileri geliştirmeye eğilim gösterirler artık. Hiçbir bilginin dogma üstüne kurulamayacağı, hiçbir kuralın doğal ya da doğaüstü olmadığı, hiçbir yasanın tartışmadan uzak tutulamayacağı inancını kazanırlar. Bundan böyle sanat yapıtı bir soruya dönüşür. Yetkelerin düsturlu beğeninin kurallarını ellerinde tuttukları fikri bir yana bırakılır. Yapıtın kendi kurallarını zamanla değişmeyen örneklerde bulabileceği yanılsaması silinip gider. Sanatın doğal bir düzenin taklidi olarak kavranışı sarsıntıya uğrar. Aynı hamleyle, ne kadar çeşitli olurlarsa olsunlar geçmişin yapıtları da, ne kadar yabancı görünürlerse görünsünler uzak kültürlerin yapıtları da sanat yapıtı olarak karşılanırlar. Müze fikri somutlaşır ve yayılır. Sanat insanın yaratma gücüne sıkı sıkıya bağlı olduğunu keşfeder. Yinelemeden ve yeniden üretme fikrinden kurtulduğunu açıkça iddia eder. En nihayetinde, en başından beri ne ise açıkça ona dönüşür: İnsanlık durumunun muammasına, uçuruma, dipsiz kuyuya açılım. Eksiksiz gerçekleşmesini bulduğu, nihai gerçeğine ulaştığı anlamına mı gelir bu? Tanrı-merkezli bir dünyada, sanat resmî olarak hem bir saraya hem de bir dine bağımlıdır. Yine de modern bireyleşmede temel bir anlam bulanıklığı vardır. Doğal ya da doğaüstü nirengi noktalarının yitirilmesi ve buna bağlı olarak bağımsızlaşma arzusu her kişiyi kendiliğinden düşünmek, yargılamak, hareket etmek durumunda bırakır kuşkusuz, ama her kişi kendisini bağımsız görmek isteyip buna inandığında, düşüncelerinin, yargılarının, edimlerinin temelini kendi içinde ve yalnızca kendi içinde aramaya meyleder. Bir oyuncu olduğunu keşfeden modern insan çok geçmeden kendisini kendi kurallarının yaratıcısı sanmaya ve bunu talep etmeye başlar. Hümanizma bu noktada insan-merkezciliğe evrilir. Yineleme eleştirisi bu noktada özgünlük için özgünlük arzusuna dönüşür. Sanatçı yaratımının kaynağını kendi içinde araması gerektiği fikriyle zehirlerse kendisini, sanat ölüme yargılı olacaktır. Ama bir ölüm tehdidi çağdaş sanatın üstünde kol geziyorsa eğer, bunun nedeni, hiçbir biçimde Hegel'in inandığı gibi modern tinin gerçekleşimini bütünüyle tamamlamış olması değildir, tam tersine kendisine içkin, bireyleşme kaynaklı yanılsamaları, bireyci yanılsamaları bünyesinde taşıyor olmasıdır.

B. FOCCROULLE: Bir de XX. yüzyılda, her biri bireyleşme hareketine bağlanabilecek olsa da çelişik akımların varlığı söz konusu gibi geliyor bana. Kimi müzik akımları sanatın ölümü hissini doğrularken, kimileri sanat tarihiyle yeni bir yaratıcı bağ kuruyor. Avangard hareketler köktenci bir müzikal modernite için mücadele edip örneğin altmışlı yıllarda "operanın ölümü"nü ilan etmeye kadar götürdüler işi. Ayrıca bu çerçeveye pek oturmayan, birbirinden son derece fatklı estetik akımların ortaya çıkışı da şaşırtıyor beni. Igor Stravinski ve Luciano Bero, bestecilerin geçmişin müziklerine yönelttikleri yeni ilgiyi çok iyi örneklendiriyorlar. Burada modernliğimizin belirleyici bir öğesini görüyorum.

Yüzyıllar boyunca, aslında yalnızca çağdaşların bestelediği müzik çalındı. Bu müzisyenler öldükten sonra hatıralarını yaşatan birkaç küçük topluluk dışında, unutulup gidiyorlardı. XX. yüzyıl boyunca, radikal bir değişime tanıklık ediyoruz: Çağdaş bestecilere gösterilen ilgi azalıyor, geçmişin sanatına yönelik dikkat giderek büyüyor. Klasik müzik keşfediliyor önce, sonra barok müzik, Ortaçağ müziği vb yeniden keşfediliyor. Ve bugün hem bütün Batı sanatını hem de tüm dünya müziklerini içine alan bir kültürel mirasla karşı karşıyayız.

Bu dönüşümün sonucunda yeni bir serüven, yorumun serüveni doğar. Geçmişte, yorumcunun besteciye göre gerçek bir özerkliği yoktu. Büyük romantik yorumcuların hemen hepsi büyük bestecilerdir: Chopin, Liszt, Paganini... Opera dünyasında, "sahneye koyan" kavramı Büyük Savaş'ın öncesine kadar işitilmemiştir. Sahneye koyan ortaya çıktığı andan sonra, kişisel okumalar aracılığıyla eski ya da yeni yapıtlara hayat ve anlam vermekle görevlendirilir. Çok hızlı bir biçimde, dinleyicilerle eleştirmenlerin dikkati besteciden yorumcuya yönelir. Yorum yaratım olur. Strehler'in *Figaro'nun Düğünü*'nden ve Chéreau'nun *Ring*'inden söz edilecektir. Sanatçı yapıtın anlamını zenginleştirme, yapıtı bir başka bağlama aktarma hakkını bulacaktır kendinde, zaten aktarımdan söz edilebildiği sürece gerçek yorum da olacaktır. Danièle Sallenave'ın şu cümlesini aktarmak isterim: "Bir kitabı okumak, onu yazmayı bitirmektir." Balzac'ın okuyucusunun, Mozart'ın dinleyicisinin yapıtın anlamına katkıda bulunduğu fikri, sonuçlarını tam anlamıyla değerlendiremediğimiz, bütünüyle çağdaş bir fikirdir. Bu evrim hem haz hem de dehşet verici olağanüstü bir dinamiği harekete geçirir. *Saptırılmış Vasiyetler*'de Milan Kundera yorumcunun bu yeni duruşunun tehlikesini çok iyi göstermiştir.

Monteverdi'deki bireyin yeni anlatımından bugün tanıklık ettiğimiz aşırı bireyci atomlaşmaya dek ne yol katedilmiş ve ne tuhaf bir dönüş yaşanmış!

T. TODOROV: XX. yüzyılın temel estetik niteliğinin çoğulculuk olduğu fikrine katılıyorum. Tek bir akımın (klasisizm, romantizm vb) tanımlamaya yettiği önceki dönemlerin tersine, bizim zamanımız öncelikle çokluğun birlikte varoluşuyla tanımlanıyor: Malraux'nun ifadesiyle şu bir tür "hayali müze" içinde birçok zaman, dünya kültürlerinin birlikte oturduğu birçok uzam var. İşte bu derin bir değişim.

Robert Legros'nun Hegel okuması üstüne söylediklerine gelince, ben, kendi adıma, yeterince Hegelci olmadığımızı düşünüyorum: Sanatın aynı zamanda bilgi olduğunu unutmaya meyilliyiz çoğu zaman! Bu boyutun reddedilmesi ve yazının ya da resmin dünyayla ve tarihle bağlantısız, katıksız bir biçime indirgenmesinden kimi zaman çok rahatsız oluyorum. Yine de sanatın saydamsızlık ve soru üretmeye olanak tanıdığını öne süren, ifade ettiğiniz o yolu izleyeceğim. Ve bilgiyi de bu anlamda alacağım işte: Niçin geçmişin yapıtları okunuyor? Geçmişteki toplumu tanımak için değil ama kendini daha iyi anlamak için.

Bu açıdan bakıldığında, XIX. ve XX. yüzyılların dönemecindeki sanatsal kriz çok anlamlıdır. Sanat iki ayrı yol izler. Bir yandan, her alanda "ben"i ortadan kaldırma, yerine "biz"i koyma isteği göze çarpar. Her sanat dalı için geçerlidir bu: Bireyin bir önemi yoktur, varsa yoksa kitleler. Bireysel deneyimin ötesinde, topluca üretilen bir sanatın totaliter estetik tasarısıdır bu. Bir yandan da aynı yoksunluk hissiyle, "biz"siz bir "ben"in, bir başka deyişle ortak dile arkasını dönmüş aşırı bir öznelleşmenin ortaya çıkışına tanıklık edilmektedir. Oysa resimdeki ortak dil gösterim olmuştur. Gösterim olduğu sürece, özgür ve yalnızca telkin edici olmakla birlikte, herkes için bir insan bedeni, bir manzara vb tanıtılmıştır. Monet'nin *Impression, soleil levant* (İzlenim, Güneşin Doğuşu) tablosunda neyin resimlendiği zar zor anlaşılır, ancak tanımlanabilir bir manzaradır bu. Resmin soyutlaştığı ya da *a fortiori* kavramsallaştığı andan itibaren, ortak dünya nereye gider? Yapıttan çekilir ve ancak sanatçının ya da eleştirmenin ürettiği yorumda, bağlamsal olarak varlığını sürdürür. Burada sanatın yoksullaşması söz konusu değil mi? Geleceği öngöremem ama, ortak dünyadan bu kopuşun sanat tarihinde bir ayraç olacağına inanıyorum.

Yazın alanında da benzeri ortak dünyadan çıkış girişimleri olmuş ama çok geçmeden bunlardan vazgeçilmiştir. En parlak girişim Joyce'un *Finnegans Wake*'i, son kertede ortak dilin bütünüyle dışına çıkan yapıtıdır. Aslında, yazın dil öğesinde iş gördüğü ve dil de ortak dünyanın bir parçası olduğu sürece, bundan bütünüyle vazgeçmek olanaksızdır. Aslında çağdaş yazınsal üretime bakıldığında, XIX. ve XX. yüzyıldakilerden temel bir farkı olmadığını söyleyebilirim. Benmerkezci ve bende merkezlenmiş yazının yaygınlaşması, en azından Rousseau'nun *İtiraflar*'ından beri olagelen bir eğilimin abartılmasıdır.

P.-H. TAVOILLOT: Ben ile biz'i birbirine bağlayan nitelikli bir kültür oluşturabilme yetimiz var mı hâlâ? Henüz bunu bilmiyoruz. Çok uzun bir dönem boyunca korkunç bir oyukla karşı karşıya kalabiliriz. Ama bir "bireylere ortak dünya" ufkuna doğru yöneliyoruz kuşkusuz; hâlâ hayal meyal görünen, belli belirsiz ama varlığı bile sanattan umudumuzu kesmememizi sağlayan bir ufka doğru.